Liebe Pia!
»... auf die nächsten „50"!
Viel Spass beim Lesen!«
Martin, Anja und Kinder

Germany 2009

Gabriela Schliephake

WIR vom Jahrgang 1959

Kindheit und Jugend

Wartberg Verlag

Impressum

Bildnachweis:
S. 4: Thomas Sävert; S. 8 re.: ullstein bild (Joachim G. Jung); S. 10: Bettina Deuter, Speyer; S. 14: Jürgen Menningen, Niederelbert; S. 19 li.: dpa Bildarchiv; S. 30: Asta Stolze, Adendorf; S. 33: Gudrun Hoffmann, Klein-Linden; S. 34 li.: Beiersdorf AG; S. 44 u.: Haus der Geschichte, Bonn; S. 46 o.: ZDF; S. 46 u., S. 47 (2), S. 49: Quelle unbekannt; S. 53: Horst Müller, Düsseldorf; S. 55 o.: ullstein-KPA; S. 55 u.: ullstein bild; S. 34 re., 40 re., 60: Quelle unbekannt. Alle weiteren Bilder: Archiv Gabriela Schliephake.

Weitere Bilder wurden folgenden Publikationen entnommen:
S. 6 u. re.: Die großen Skandale und Kriminalfälle, Chronik-Verlag, S. 164; S. 8 li.: R. Goscinny / A. Uderzo, Das Geschenk Cäsars, Bd. 21, Egmont EHAPA Verlag GmbH, Berlin (1974) 2003; S. 18 re.: Otfried Preußler, Der Räuber Hotzenplotz, Thienemann Verlag GmbH, Stuttgart (Cover); S. 26: http://www.wissen.swr.de; S. 32: http://www.idreamofjeannie.de/vu; S. 40 li., 50, 51 u.: Bravo; S. 42: Die Chronik, Geschichte des 20. Jahrhunderts bis heute, Chronik Verlag im Bertelsmann Wissen Media Verlag GmbH, Gütersloh, München 2003, 474; S. 41 u.: Illustrierte Filmbühne; S. 57 u.: Berliner Frauenzeitung Courage, Nr. 3 (15. März 1977, 2. Jahrgang), Cover; S. 59: Mädchen in gewerblich-technischen Berufen, Hg. Bundesministerium für Arbeit, Gesundheit und Soziales des Landes NRW, o. J., S. 21.; S: 61 re.: http://www.majortom.de.

Wir danken allen Lizenzträgern für die freundliche Abdruckgenehmigung.
In Fällen, in denen es nicht gelang, Rechtsinhaber an Abbildungen zu ermitteln, bleiben Honoraransprüche gewahrt.

**Besuchen Sie das 50er-Jahre-Museum
in Büdingen mit seinen unzähligen Exponaten
aus einer spannenden Epoche:**

50er-Jahre-Museum e.V.
Auf dem Damm 3
63654 Büdingen

7. Auflage 2009
Alle Rechte vorbehalten, auch die des auszugsweisen
Nachdrucks und der fotomechanischen Wiedergabe.
Gestaltung und Satz: Ravenstein und Partner, Verden
Druck: Druck- und Verlagshaus Thiele & Schwarz GmbH, Kassel
Buchbinderische Verarbeitung: Buchbinderei Büge, Celle
© Wartberg Verlag GmbH & Co. KG
34281 Gudensberg-Gleichen • Im Wiesental 1
Telefon: 0 56 03/9 30 50 • www.wartberg-verlag.de
ISBN 978-3-8313-1559-8

VORWORT

Liebe 59er!

Wie war das eigentlich damals? Was geschah in der Welt, welche sportlichen Höhepunkte, politischen Ereignisse, kulturellen Highlights oder technische Errungenschaften prägten unsere Kindheit und Jugend in den 60er und 70er Jahren? Darauf können Chroniken, Nachschlagewerke oder Sachbücher treffende Antworten geben.

Über unsere persönlichen Highlights, über unser Alltagsleben und wie die Veränderungen dieser Zeit unser Heranwachsen beeinflussten, soll dieses Buch Aufschluss geben.

Schlagwörter dieser Zeit waren Unabhängigkeit und Freiheit, nicht nur in politischer, sondern vor allem auch in persönlicher Hinsicht. Aber auch technischer und medizinischer Fortschritt spielten eine immer größer werdende Rolle in unserem Leben.

Während in Afrika viele Länder ihre Unabhängigkeit erreichten, Martin Luther King gegen Rassismus und für die Anerkennung der Schwarzen in Amerika kämpfte, fand zwischen Ost und West ein Wettrüsten bisher nicht bekannten Ausmaßes statt. Kriege in Palästina und Vietnam oder die Kubakrise machten deutlich, dass an einen Weltfrieden nicht zu denken war. In Deutschland beherrschten Studentenbewegung, Ostpolitik und Terrorismus das politische Geschehen.

Aber wir genossen unsere Kindheit davon völlig unbeeindruckt. Freuten uns über eine immer größer werdende Auswahl an Spielzeug und Lebensmitteln. Baukästen wie Lego oder Märklin, Puppen und Barbies, Ketcars oder Bonanzaräder waren begehrt. Unsere Gaumen wurden von Leckereien wie Nutella, Ahoi-Brause oder Tritop gekitzelt und unsere Eltern konnten sich jetzt regelmäßig Urlaub leisten, der uns mit dem neuen Auto nach Italien, an die Nordsee oder ins Gebirge führte. Als Teenies suchten auch wir unsere Freiheiten, lehnten uns gegen unser bürgerliches Elternhaus auf, sparten für Mofas und Kassettenrekorder, trugen Fransenboots, Bundeswehr-Parkas und lange Haare.

Vieles ist in Vergessenheit geraten. Aber beim Lesen dieses Buches, das voller privater und persönlicher Fotos und Erinnerungen steckt, werden die eigenen Erinnerungen an die Kindheit und Jugend wieder Konturen annehmen und aufleben.

Gabriela Schliephake

1959-1961
Laufstall, Töpfchen und Bananenbrei – unsere kleine Welt

Das 1. bis 3. Lebensjahr

Unser Geburtsjahr ... 1959

Welch ein Jahrgang, sagt man heute noch, wenn man an den 59er denkt. Und damit ist nicht nur der exzellente Wein dieses Jahres gemeint.

Nein, auch die Babys, die in diesem Jahr geboren wurden, standen unter einem ganz besonderen Stern, der Sonne. Ein Jahrhundertsommer, sagte man später. Aber auch das Frühjahr war sonnig und trocken. Und überall in den Gärten, in den Parks und Grünanlagen vergnügten sich die Neugeborenen in ihren Kinderwagen und strampelten vor Vergnügen.

Aber der heißeste und trockenste Sommer seit 1830 hatte auch seine Schattenseiten. Die Trinkwassertalsperren trockneten fast aus und hatten so wenig Wasser, dass dieses rationiert werden musste, um die Versorgung weiter zu gewährleisten.

So trocken wie der Ederstausee waren auch die anderen Talsperren des Landes

Chronik

3. Januar 1959
Alaska wird 49. Bundesstaat der USA. Im März folgt als 50. Bundesstaat Hawaii.

16. Februar 1959
Fidel Castro übernimmt die Macht in Kuba. Nachdem die Guerilleros in Havanna eingezogen sind, werden zahlreiche Offiziere der Armee hingerichtet.

11. Juli 1959
Mit 37,8° C wird in Berlin die höchste Temperatur seit 1830 in Deutschland gemessen. Der heiße Sommer setzt sich fort.

21. Dezember 1959
Der Schah von Persien heiratet seine dritte Frau Farah Diba. Sie wurde in Aserbaidschan geboren und studierte in Berlin Architektur. Von ihr erwartete man den lang ersehnten Thronfolger.

8. November 1960
Der Demokrat J. F. Kennedy wird zum 35. Präsidenten der USA gewählt. Mit 43 Jahren ist er der jüngste Präsident der Vereinigten Staaten. Er gilt als neuer Hoffnungsträger, der für Aufbruchstimmung sorgt.

18. Februar 1960
In Squaw Valley werden die VIII. Olympischen Winterspiele eröffnet.

9. Februar 1961
Der amerikanische Film „Misfits" mit Marilyn Monroe und Clark Gable in den Hauptrollen wird in New York uraufgeführt. Es ist der erste Film der Monroe, der sie nicht als blondes Sexsymbol zeigt.

12. April 1961
Der russische Kosmonaut Gagarin umkreist als erster Mensch in einem Raumschiff die Erde. Dafür benötigt er knapp 90 Minuten mit einer Höchstgeschwindigkeit von 29 000 km/h. Der Wettkampf im All zwischen der UdSSR und den USA wird damit klar von den Sowjets dominiert.

13. August 1961
Der Bau der Mauer durch Berlin beginnt. Damit wird die deutsche Teilung zementiert und erhält ein augenfälliges Mahnmal.

Aber trotzdem fand der Wechsel ins nächste Jahrzehnt unter besten Voraussetzungen statt. Das Wirtschaftswunder zeigte Wirkung. Schon seit Mitte der fünfziger Jahre kamen viele Gastarbeiter aus Südeuropa, weil Deutschland unter akutem Arbeitermangel litt. Es gab keine Lebensmittelrationierungen mehr, und die Zukunftssorgen nahmen in dem Maße ab, wie die Löhne stiegen. Für uns bedeutete das zunächst ein unbeschwertes Leben.

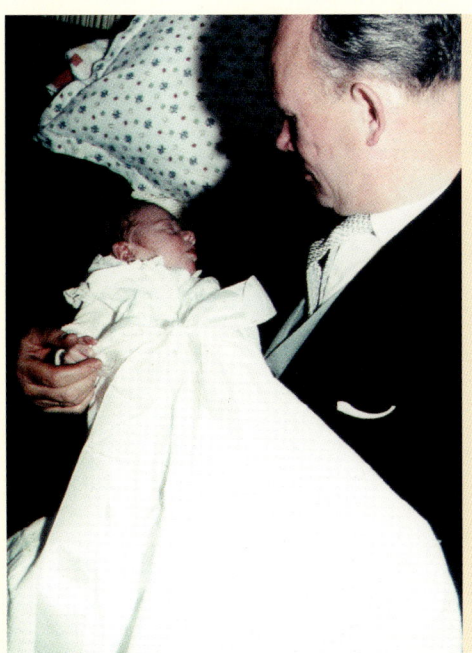

Stolz und vorsichtig hält der Patenonkel seinen frisch getauften Neffen auf dem Arm

Die Taufe – das erste große Ereignis

Ende der fünfziger Jahre war es durchaus noch üblich, dass die Babys schnell nach der Geburt getauft wurden. Manche von uns bekamen sogar die Nottaufe. Meistens dann, wenn man nach der Geburt noch sehr zart und schwach war. Taufpaten fand man oft in der großen Verwandtschaft. Obwohl wir noch zu den geburtenstarken Jahrgängen gehörten, gab es keine Gemeinschaftstaufen. Nach dem Gang zur Kirche, natürlich zu Fuß, ging es zum Kaffeetrinken nach Hause, wo die Kaffeetafel schon festlich gedeckt war. Neben den zahlreichen Onkeln und Tanten kam auch gerne der Pastor höchstpersönlich vorbei, um sich an der reich gedeckten Kaffeetafel zu stärken. Dabei durften Buttercreme- und Schwarzwälder-Kirschtorte natürlich nicht fehlen. Es war auch sehr modern, nach dem Kaffee ein „Likörchen" zu trinken. Das stellte auch kein großes Problem dar, denn für Fußgänger gab es ja keine Promillegrenze.

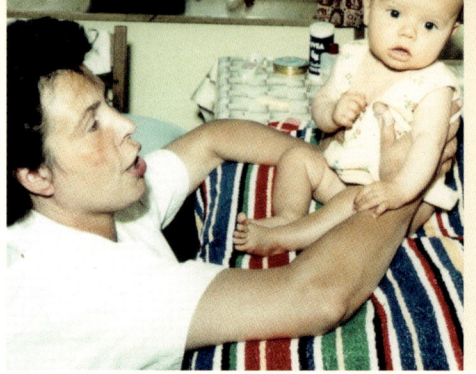

Für uns war das Baden ein großes Vergnügen, für die Rücken unserer Mütter eine Qual

Badevergnügen in der Küche

Als Babys hatten wir noch das Vergnügen, jeden Morgen gebadet zu werden. Später sollte das dann auf einmal wöchentlich reduziert werden.

Zu diesem Zweck wurde die Küche zweckentfremdet. Die Badewanne wurde auf einen Küchenstuhl gestellt und mit Wasser gefüllt, das zunächst auf dem Herd erwärmt wurde. Und der Küchentisch diente als Wickelkommode. Nach dem Baden wurden wir gepudert, gewickelt und angezogen. Und nach dem Füttern wurden wir zurück ins Bettchen, später in den Laufstall gelegt. Der eigentliche Familienalltag konnte nun beginnen.

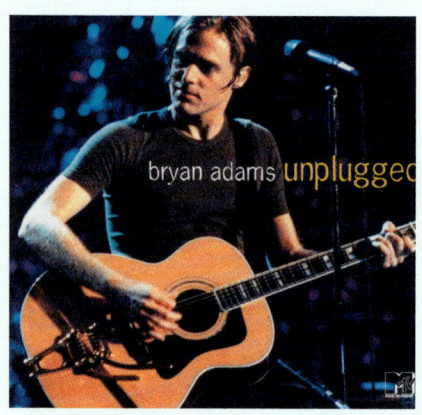

Bryan Adams – „A star was born"

Am 5. November 1959 wurde in Kingston, Ontario, der kanadische Rocksänger Bryan Adams geboren. Mit seinen Balladen und Rocksongs spielte er sich seit den 80er Jahren in die internationalen Charts. Zu seinen großen Erfolgen gehören „Summer of '69" oder „Run To You". Schon vor der Wende spielte er in Ost-Berlin vor 120 000 Zuschauern.

Contergan

In der Zeit von 1957 bis 1961 wurde weltweit das „Schlafmittel des Jahrhunderts" Contergan verordnet. Obwohl sich schnell Meldungen über gravierende Nebenwirkungen verbreiteten, wurde es gerade bei Schwangeren weiter eingesetzt. Allein in der Bundesrepublik wurden ca. 6000 unserer Altersgenossen mit Missbildungen geboren.

1. bis 3. LEBENSjahr

Stolz schaut der Kleine sein Schwesterchen an und kontrolliert, dass keine Wespen den Schlaf stören

Ein Ausflug im „Cabrio" war wirklich eine feine Sache

Fortbewegung auf vier Rädern

Was waren wir glückliche Kinder! Bei dem herrlichen Wetter 1959 waren wir natürlich so oft wie möglich an der frischen Luft. Da wir selber noch nicht laufen konnten, ließen wir uns in hochmodernen Kinderwagen chauffieren und genossen unser junges, unbeschwertes Leben.

Aber mit dem Strampeln war das so eine Sache, zumindest solange einem der Nabel noch nicht abgefallen war. Denn Strampelhosen gab's erst danach. Zunächst wurden wir in Windeln gepackt (eine rechteckig gefaltete lag in einer dreieckig gefalteten) und statt eines Höschens wurde stramm eine Ligge (Moltontuch) um die untere Körperhälfte gefaltet, was unsere Bewegungsfreiheit merklich einschränkte, aber unsere Rücken stärken sollte. Unser Vergnügen über das schöne Wetter bekundeten wir demnach nur durch heftiges Fuchteln mit den Armen.

Fläschchen und Bananenbrei

Als wir klein waren, wurden Kinder nicht nach ihren Bedürfnissen, sondern streng nach der Uhr gefüttert. Zunächst bekamen wir das Fläschchen. Von Milupa oder Alete gab es Milch, aber auch Brei und Säfte. An der Zubereitung der Flaschennahrung hat sich bis heute nicht viel geändert. Aber die Flaschen waren früher noch nicht mit einem Drehverschluss ausgestattet, sondern man musste den Hals der Glasflasche mit der Zunge befeuchten, um dann den Sauger mit Geschick auf den Flaschenhals zu drehen. Wenn man nicht ordentlich schüttelte, verklumpte die Milch und setzte sich im Sauger fest. So bekamen wir dann auch bei aller Anstrengung nichts zu trinken. Abhilfe konnte geschaffen werden, wenn der Sauger einfach mit einer heißen Stopfnadel vergrößert wurde. Ob das allerdings gesund war, ist eine ganz andere Sache.

Sobald wir vom Löffel essen konnten, gab es Brei, und als Zwischenmahlzeit Äpfel, die auf einer Glasreibe fein gerieben wurden. Eine besondere Delikatesse war ein Brei aus zerdrückter Banane und Zwieback, mit kochender Milch oder Wasser überbrüht und zermanscht.

Bau der Mauer in Neukölln

Der Bau der Berliner Mauer

Am 13. August 1961 beginnt die DDR-Staatsführung mit dem Bau der Mauer. Auslöser für diese Aktion, die die beiden deutschen Staaten für über 28 Jahre trennen sollte, waren immer stärker werdende Flüchtlingswellen von Ost nach West. Allein in den letzten drei Monaten vor dem Mauerbau flüchteten ca. 100 000 Menschen aus der DDR. Der Ausverkauf an Fachkräften hätte die DDR aber in den wirtschaftlichen Bankrott geführt. Gleichzeitig wurde die Grenze zum gesamten Gebiet der Bundesrepublik mit Zäunen und Stacheldraht versehen, so dass die DDR komplett abgeschottet war. Bis 1989 sterben 78 Menschen bei Fluchtversuchen.

Asterix und Obelix

Zum ersten Mal hat Asterix mit seinem Freund Obelix ein Abenteuer gegen die Römer zu bestehen. In der französischen Zeitung „Pilote" erscheint im Jahr 1959 der Comic „Asterix der Gallier". Insgesamt werden im Laufe der Jahre 30 Abenteuergeschichten geschrieben. 1968 erschien der erste Band in deutscher Sprache. Mit den Geschichten der tapferen Gallier gehören die Autoren René Goscinny und Albert Uderzo zu den zehn am meisten übersetzten Autoren der Welt.

Erste Schritte – wir erobern die Welt

Schade, dass wir so gar keine Erinnerung mehr daran haben, wie wir nach und nach unsere horizontale in eine vertikale Sicht der Dinge verwandelten. Es muss ein großartiges Erlebnis gewesen sein, sich zunächst an

Hoffentlich merkt keiner, dass der Sender schon wieder verstellt wurde

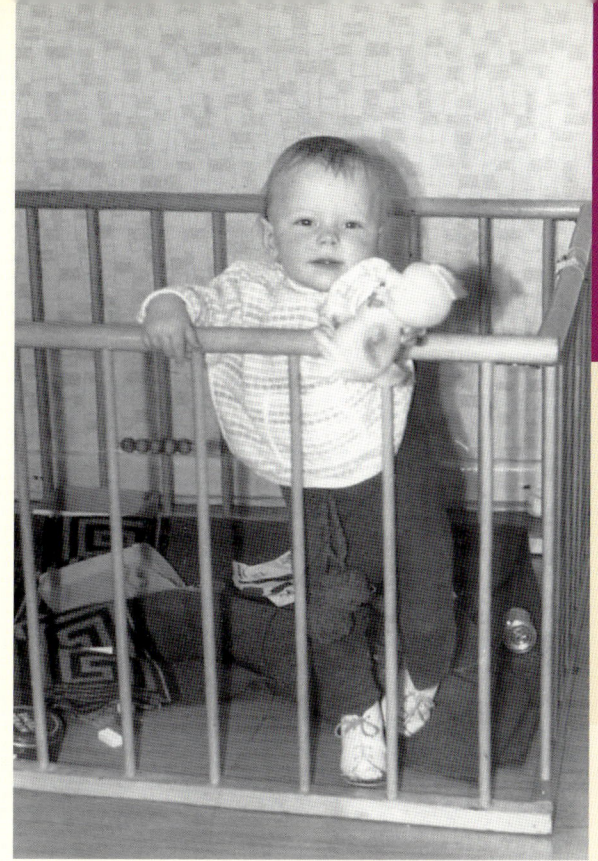

Der Laufstall wurde mit einer Decke gepolstert. Ein paar Spielsachen sollten uns die Langeweile vertreiben

irgendetwas hochziehen zu können – meistens werden es wohl die Gitterstäbe vom Laufstall oder Bettchen gewesen sein – um dann später – erst wackelig und unsicher, aber dann immer gezielter – Dingen zuzustreben, die lange unerreichbar für uns waren.

Besonders spannend war es, wenn wir Sachen erreichten, die verboten waren. Aber zum Beispiel so ein Nordmende-Radio erregte immer wieder unsere Aufmerksamkeit. Wie schön war es, zu beobachten, wie sich das magische Auge veränderte. Je deutlicher der Ton wurde, desto klarer wurde auch das Grün des Auges. Und das musste natürlich immer wieder überprüft werden. Aber uns reichte die Entdeckung unserer kleinen Welt, die Sendungen im Radio interessierten uns wohl nicht wirklich.

Der Radius draußen erweiterte sich nun auch ständig. Und wir unternahmen schon selbstständig kleinere Ausflüge in die Nachbarschaft oder durch den Garten. Dies ging natürlich nur unter Aufsicht. Aber so viel Zeit, sich um seinen Nachwuchs zu kümmern, hatte man damals noch nicht. Also blieb uns nur der Laufstall.

Zwischen Laufstall und Töpfchen

So lange wir klein waren, spielte das Leben sich um uns herum ab, und wir waren eher passiv am Familienalltag beteiligt. Und damit wir nicht ständig beaufsichtigt werden mussten, war der Laufstall eine praktische Einrich-

Schon in zartem Kindesalter wurde uns eine Menge zugemutet

tung. Mit etwas Spielzeug oder einer Kleinigkeit zu essen waren wir schnell zufrieden zu stellen. Außerdem lernten wir, uns an den Gitterstäben hochzuziehen, und manch einer machte wahrscheinlich seine ersten heimlichen Gehversuche, unbemerkt von der Familie.

Da die Pampers noch nicht erfunden war, war es ein besonderes Anliegen unserer Mütter, uns schnell sauber zu bekommen. Denn die Windeln mussten nach Gebrauch ausgewaschen werden, wurden dann in einem Windeleimer gesammelt, und wenn der voll war, wurden sie gekocht, getrocknet und gebügelt. Bei zwei Windeln und einem Höschen kam da schon einiges an Wäsche zusammen. Und Gummihosen oder Schafwollhosen retteten höchstens den Strampler.

Unsere Töpfchen entsprachen leider nicht den ergonomischen Formen unserer Körper, sondern hatten eher die Form eines kleinen Nachttopfes. Da unser Geschäft sich eine Weile hinziehen konnte, wurden wir oft in der Küche auf den Topf gesetzt. Auf den glatten Fliesen konnte man herrlich damit hin- und herrutschen. Wurde es unseren Müttern zu viel, nahmen sie eine Windel, um uns damit am Küchentisch festzubinden: mehr Ruhe für die eine und Konzentration für den anderen. Es war auch nicht so wichtig, dass wir uns meldeten. Vielmehr sollten wir uns an feste Zeiten gewöhnen.

Kinderkrippen spielten für die Beaufsichtigung von unter Dreijährigen eine untergeordnete Rolle. Aber auch hier gab es feste Zeiten für's „Töpfchen".

Freunde und Geschwister

Da wir zu den geburtenstärksten Jahrgängen der Nachkriegszeit gehören, fiel es uns nicht schwer, Freundschaften zu schließen. Bereits

Solche Nachmittage im Sonntagsstaat können doch nur langweilig sein!

In den ersten Lebensjahren waren wir selten allein, denn die meisten von uns hatten mehrere Geschwister. Auch in der Nachbarschaft waren immer viele Kinder jeden Alters anzutreffen. Echte Freundschaften entwickelten sich aber erst später. Als Kleinkinder spielten wir eher mit größeren Kindern als mit Gleichaltrigen. Denn die „Großen" konnten schon die Funktion des Babysitters übernehmen.

Die meisten Freunde hatten wir in der Nachbarschaft, doch gingen wir mit unseren Eltern zu deren Freunden, die auch Kinder im gleichen Alter hatten, „machte man sich fein und benahm sich".

Auch diese Prominente hat der Jahrgang 1959 hervorgebracht:

- 24. Jan. **Nastassja Kinski** (deutsche Schauspielerin)
- 2. Feb. **Hella von Sinnen** (deutsche TV-Entertainerin und Komikerin)
- 16. Feb. **John McEnroe** (US-amerikanischer Tennisspieler)
- 9. März **Giovanni di Lorenzo** (Journalist)
- 21. April **Gerhard Delling** (Sport-Journalist und -Moderator)
- 4. Mai **Inger Nielsson** (alias Pipi Langstrumpf)
- 2. Mai **Morrissey** (britischer Sänger)
- 14. Aug. **Magic Johnson** (US-amerikanischer Basketballer und der herausragende NBA-Spieler der Achtziger)
- 25. Aug. **Sönke Wortmann** (deutscher Regisseur)
- 15. Okt. **Sarah Ferguson** (geschiedene Ehefrau des britischen Prinzen Andrew, dem Herzog von York)
- 21. Dez. **Florence Griffith Joyner** (US-amerikanische Leichtathletin und Olympiasiegerin, †1998)
- 22. Dez. **Bernd Schuster** (Fußballstar)

1962–1964
Wir erobern die Welt – unser Radius wird größer
Das 4. bis 6. Lebensjahr

Erst drei – und schon mobil

Kaum standen wir sicher auf den Beinen und konnten die ersten größeren Wege schon zu Fuß zurücklegen, wollten wir uns am Steuer von Dreirad, Tretauto oder Roller beweisen. Wer ältere Geschwister hatte, übernahm die Gefährte gebraucht, die anderen strahlten zu Weihnachten oder zum Geburtstag über so ein tolles Geschenk.

Die Dreiräder hatten einen einfachen Holzsitz und ein dünnes Gestänge. Wichtig war eine Klingel am Lenker. An Wettrennen dachten wir aber noch nicht, wenn wir uns zum Spielen trafen. Wollten wir unsere Mütter mit dem Dreirad oder Roller zum Einkaufen begleiten, brauchten diese viel Zeit, denn trotz der zwei oder drei Räder kamen wir nicht so schnell voran.

Fast schon eine Garage brauchte man für die Tretautos, die es als kleinere Modelle der bekannten Autos gab. Voller Stolz konnte man damit über die Straßen heizen, ohne Angst

Etwas holprig ist der Weg schon, den sich die junge Dame ausgesucht hat

Chronik

4. Februar 1962
Amerika verhängt ein Handelsembargo über Kuba. Dies löst im Laufe des Jahres die Kubakrise aus, die eine ernsthafte Bedrohung für den Weltfrieden darstellt.

17. Februar 1962
Eine Sturmflut an der deutschen Nordseeküste lässt Deiche brechen, überschwemmt Städte und fordert über dreihundert Menschenleben.

13. April 1962
Im Hamburger Starclub treten die Beatles auf. Zum ersten Mal ist am Schlagzeug Ringo Starr dabei.

11. Oktober 1962
Das Zweite Vatikanische Konzil wird eröffnet mit dem Ziel, eine Ordnung zu finden, die für alle ein menschliches Leben und einen gerechten Weltfrieden ermöglicht.

1. April 1963
Das ZDF nimmt seinen Sendebetrieb auf.

3. Juni 1963
Papst Johannes XXIII. stirbt im Alter von 81 Jahren in Rom und geht als Reformpapst in die Geschichte ein. Sein Nachfolger wird Giovanni Batista Montini als Papst Paul VI.

24. August 1963
Die Ära der Fußball-Bundesliga beginnt. 16 Mannschaften kämpfen um den Titel des Deutschen Fußballmeisters. Zum ersten Spieltag kommen 282 000 Zuschauer.

22. November 1963
Der amerikanische Präsident John F. Kennedy wird während einer Besuchsreise in Dallas durch zwei Schüsse ermordet. Die Umstände der Ermordung beschäftigen die Welt bis heute, denn die Hintergründe sind noch immer ungeklärt.

2. August 1964
Die USA beginnen mit dem Vietnamkrieg ihren Kampf gegen den Kommunismus.

So ein knallblauer Mercedes hat schon was

haben zu müssen, von einem echten Auto überholt zu werden. Denn die Straßen hatten wir fast noch für uns. Die kleinen Flitzer hatten aber Seltenheitswert, weshalb die Nachbarskinder Schlange standen, um auch einmal mit so einer Luxuskarosse fahren zu dürfen.

Weggeworfen wird bei uns nichts

In den 60er Jahren gab es so gut wie keine Arbeitslosigkeit in Deutschland. Wir waren zwar nicht reich, aber jeder hatte sein Auskommen. Geld, das übrig war, wurde aber nicht ausgegeben, sondern auf Sparbüchern angelegt für schlechtere Zeiten. Es wurde auch nichts weggeworfen. Das galt für Möbel genauso wie für Kleidung oder Spielzeug. Alles wurde weiter vererbt.

Neben der vielen Hausarbeit waren unsere Mütter damit beschäftigt, alte Pullover aufzuribbeln, um aus der Wolle neue Pullover, Strümpfe oder die verhassten Strickschlüpfer zu stricken, die uns vor Kälte schützen sollten, sobald wir im Frühsommer Kniestrümpfe anziehen wollten. Auch Kleidung, die wir von älteren Geschwistern oder anderen größeren Kindern erbten, wurde geändert, ob uns das gefiel oder nicht. Ein neues Kleidungsstück gab es höchstens zu Weihnachten oder zum Geburtstag.

Außerdem wurden gesammelt: Gummibänder und Knöpfe, Margarinetöpfchen und Zellophanbeutelchen und alles, was sonst noch wiederverwertbar war (oder auch nicht!).

Der Tod Marilyn Monroes

Im Alter von nur 36 Jahren stirbt Marilyn Monroe in ihrem Haus in Hollywood. Als Sex-Symbol feierte sie große Kinoerfolge wie „Manche mögen's heiß" oder „Blondinen bevorzugt". Ihr eigentliches Können stellte sie aber erst in dem Film „Misfits" unter Beweis, in dem ihr dritter Ehemann, Arthur Miller, Regie führte. Sie starb an einer Überdosis Schlaftabletten. Die Umstände ihres Todes konnten nie ganz aufgeklärt werden. Lange Zeit vermutete man eine Aktion des CIA dahinter, da sie Umgang mit hohen Politikern wie J.F. Kennedy und Wirtschaftsbossen pflegte.

Süße Erfindung – Schokoladencreme

Der Italiener Michele Ferrero erfand 1961 eine Kakaocreme, die er unter dem Namen „Supercrema" vermarktete. Unter dem Markennamen „Nutella" eroberte diese Creme seit 1964 nicht nur den deutschen Markt, sondern wurde seitdem auch in Amerika, Japan und anderen Ländern verkauft

Egal, ob auf einfachem Graubrot, auf Weißbrot oder Brötchen, auch auf Zwieback oder einfach vom Finger wurde Nutella zu einem unverzichtbaren Bestandteil unserer Nahrung und ist es bis heute geblieben.

Unser täglich Brot

Lebensmittel wurden noch ganz anders geachtet als heute. Oft wurde noch mit dem Messer ein Kreuz auf das Brot gemacht, bevor es angeschnitten wurde und in vielen katholischen Familien wurde zu den Mahlzeiten gebetet.

Alle Reste wurden verbraucht. Blieb beim Mittagessen etwas übrig, wurde es am Abend noch einmal aufgewärmt, oder es kam am anderen Tag in anderer Kombination noch einmal auf den Tisch. Auch die Schulbrote, die wir nicht aßen, wurden im Laufe des Nachmittags oder Abends als „Hasenbrote" verzehrt. Lebensmittel in den Abfall zu werfen, obwohl sie noch nicht verdorben waren, galt als mittelschwere Sünde. Und oft mussten wir uns anhören, wie froh die „Biafra-Kinder" wären, wenn sie das Essen haben könnten, das wir verschmähten.

Wir wussten immer schon im Voraus, welche Gerichte es gab. Denn das war nach Wochentagen unterteilt. So gab es beispielsweise freitagmittags Fisch und abends Rührei, samstags Eintopf – abwechselnd Linsen, Erbsen oder Graupen – und sonntags Braten.

Hatten unsere Väter Durst auf ein Bier, gingen sie nicht an den Bierkasten, um sich eine Flasche zu holen, sondern zwei oder drei Häuser weiter. Dort hatte einer der Nachbarn einen kleinen Bierverlag, wo man sich dann seine tägliche Ration kaufen konnte. Für uns Kinder war es etwas Besonderes, wenn wir statt einer Flasche Limonade für jeden eine Flasche „Dunkelbier" holen durften.

bel festziehen. Und die Frauen sammelten, mit Kehrblech und Besen bewaffnet, die Pferdeäpfel auf, die besonders für Erdbeeren ein hervorragender Dünger waren.

Stolz präsentieren die Jungen ihre Hasen

Der Milchmann kommt

Um den Frauen weite Wege zum Bäcker oder Gemüsehändler zu ersparen, war es üblich, dass einige Händler mit ihren Wagen durch die Straßen der mehr und mehr entstehenden Wohnsiedlungen fuhren und ihre Waren direkt vor Ort anboten. Morgens kam immer der Milchmann. Die Milch wurde lose verkauft und direkt in Krüge oder Milchkannen abgefüllt. Nachmittags fuhren die Bäcker vor, bei denen es außer Brot auch leckere Teilchen gab. Auch Eier und Gemüse konnte man einmal in der Woche kaufen, und auf dem Land war es üblich, dass Autos mit einem kleinen Gemischtwarenladen vorfuhren, um die wichtigsten Dinge des täglichen Bedarfs anzubieten. Bei uns kam der Eiermann mit einer Kutsche, die von einem Apfelschimmel gezogen wurde. Wir Kinder durften manchmal auf dem Kutschbock mitfahren und beim nächsten Stopp die Bremse mit einer Kur-

Haustiere für den Kochtopf oder zum Spielen

Einer unserer größten Wünsche war es, ein eigenes Tier zu besitzen. Für die Kinder auf dem Land war das kein Problem. Für die Familien auf den Dörfern und in den Vorstädten, die oft einen großen Garten besaßen, gehörten auch kleine Tiere einfach dazu und jedes Kind hatte eine Katze, einen Hasen oder ein Kaninchen. Leider wurden unsere Kaninchen oder Hasen nie sehr alt und landeten über kurz oder lang in Mutters Kochtopf. Einen ganz anderen Stellenwert hatten Tiere in der Stadt. Die wurden nur zu unserer Gesellschaft angeschafft. Modern waren keine Dalmatiner, sondern Dackel, vor denen man sich immer in Acht nehmen musste, denn sie galten als schwer erziehbar. Auch Wellensittiche waren beliebt, die ihren Stammplatz in der Küche fanden. Besonders stolz waren wir, wenn wir es schafften, ihnen einige Wörter beizubringen.

Immer hilfsbereit! Die Arbeit wurde uns aber auch angenehm gemacht

Neue Errungenschaften: Toplader und Klopfstaubsauger

Anfang der sechziger Jahre bekamen immer mehr Familien technische Hilfe im Haushalt. Für unsere Mütter waren die neuen Waschmaschinen eine echte Arbeitserleichterung. Zum ersten Mal konnte Wäsche in einer geschlossenen Trommel gewaschen werden. Aber es gab nur so genannte Toplader. Die einzelnen Waschgänge folgten aber noch nicht automatisch. Nach dem ersten Waschgang musste die Lauge ablaufen. Sie wurde in einer alten Wanne zum Einweichen der Schmutzwäsche aufgefangen, der Rest lief ins Abwasser durch einen Abfluss im Boden der Waschküche. Das war für uns Kinder ein herrlicher Spaß, denn die Lauge war so glitschig, dass man auf dem Waschküchenboden „Schlittschuh laufen" konnte. In der Zwischenzeit begann für unsere Mütter die Arbeit. Denn die Wäsche musste von der Waschmaschine in die Schleuder und nach dem Schleudern wieder zurück in die Waschmaschine zum Spülen befördert werden usw.

Bei trockenem Wetter wurde die Wäsche dann draußen aufgehängt, übrigens auch im Winter, ansonsten eignete sich der Dachboden zum Trocknen. Bei Minustemperaturen gefror die Wäsche und musste dann weichgebügelt werden.

Auch Staubsauger zählten zu den neuen Familienhelfern. Zwar wurde vorwiegend immer noch gefegt und gewischt, aber um die Teppiche zu reinigen, gehörten die Sauger bald zum Standard. Besonders fortschrittlich waren dabei die Klopfstaubsauger, die das Ausklopfen auf der Teppichstange ersparen sollten. Trotzdem wurden die Teppiche im Winter beim ersten Schnee nach draußen geholt, um sie dann auf dem Schnee ausklopfen zu können. Dabei kamen wir Kinder immer zum Einsatz und klopften um die Wette, wer die größte Staubwolke aufwirbeln konnte. Bei dieser hausfraulichen Tätigkeit durften sogar die Jungen helfen.

Die Spiegel-Affäre

Als starken Eingriff in die Pressefreiheit wurde eine Aktion bezeichnet, an der der damalige Verteidigungsminister Strauß nicht unbeteiligt war. Nachdem in der Titelgeschichte „Bedingt abwehrbereit" vom 10.10.1962 über das NATO-Herbstmanöver Fallex 62 berichtet worden war, wurde dem Spiegel Geheimnisverrat vorgeworfen. Herausgeber Rudolf Augstein und mehrere Redakteure wurden darauf hin festgenommen, die Redaktionsräume besetzt und versiegelt und ca. 20 Millionen Dokumente eingesehen und teilweise beschlagnahmt. Im In- und Ausland wurde heftig gegen diese Aktion protestiert. In Deutschland fanden große Demonstrationen für Demokratie und Pressefreiheit statt. In den folgenden Prozessen konnte keiner der angeklagten Spiegel-Mitarbeiter strafrechtlich belangt werden. Die Spiegel-Affäre führte zur Krise in der CDU/FDP-Koalition, da die FDP-Minister aus Protest zurücktraten.

John F. Kennedy wird ermordet

Der amerikanische Präsident wird am 22. November 1963 bei einer Besuchsreise in Dallas, Texas, von zwei Gewehrschüssen tödlich verletzt. Überall auf der Welt ist man entsetzt, und auch in Deutschland finden Trauerkundgebungen statt. Am Tag vor Kennedys Beisetzung auf dem Heldenfriedhof in Washington wird auch der als Täter verhaftete Lee Harvey Oswald ermordet. Die Hintergründe beider Morde konnten bis heute nicht geklärt werden, sorgen aber immer noch für neue Spekulationen. Hunderte Autoren haben sich mit dem Fall Kennedy beschäftigt und sind bei ihren Recherchen zu unterschiedlichsten Ergebnissen gekommen. Demnach kam der wirkliche Mörder aus den Reihen des KGB, des FBI, des CIA oder der Mafia. Das Attentat führte aber auf jeden Fall zur Mystifizierung des Präsidenten, den viele Historiker für sehr überschätzt halten.

Der Opel Rekord (Baujahr 1959) war im Vergleich zum Käfer schon ein echtes Schiff

Unser erstes Auto

Unsere Väter freuten sich indes über ihr erstes Auto. Die meisten fuhren einen VW-Käfer. Die Standardfarbe war ein cremiges Weiß. Anthrazit wurde hingegen von Pastoren bevorzugt. Olivgrüne fuhren bei der Bundeswehr.

Das Schöne am Käfer war der Ablageraum hinter der Rückbank. Da passten mindestens zwei kleine Kinder hinein. Es war für uns natürlich immer eine besondere Gaudi, während der Fahrt von dort aus hinten aus dem Fenster zu schauen oder dort Verstecken zu spielen. Und wer achtete damals schon auf Sicherheit im Auto?

Aber auch andere Marken wurden immer moderner. Der Opel Rekord, der Ford 17m oder die kleine Isetta wurden immer öfter auf den ansonsten noch leeren Straßen gesehen.

Das Auto veränderte auch das Freizeitverhalten der Familien. Die Wege zum Einkaufen oder zur Arbeit waren zwar noch genauso lang, konnten aber in einem Bruchteil der Zeit zurückgelegt werden. Man hatte also deutlich mehr Zeit für Hobbys oder die Kinder. Und sonntags machte man zwar immer noch Spaziergänge, aber immer öfter stieg die ganze Familie ins Auto, um einfach ins „Blaue" zu fahren. Außerdem wurden ferne Urlaubsziele attraktiver. So lernten viele von uns die Nordsee, die Alpen oder die italienische Riviera noch vor der näheren Umgebung kennen.

Einmal im Jahr ist Kirmes

Eine der größten Freuden im Jahr war der Besuch der Kirmes. Schon lange vorher sparten wir jeden Groschen, damit wir uns doch etwas mehr leisten konnten, als unsere Eltern uns zugestehen wollten. Oft spendierten uns

Ein stolzer Reiter auf dem Pferd des Karussells

Was wir gerne lasen

auch Patenonkel oder -tante die Karussellfahrten. Was freuten wir uns auf Zuckerwatte und Paradiesäpfel, auf die „kleine" Schiffschaukel, das Riesenrad, aus dem man plötzlich seine Stadt von oben betrachten konnte und vor allem auf das Kinderkarussell. Unsere Väter bewiesen ihre Kraft, indem sie den „Lukas" hauten, und die Jungen konnten stundenlang vor der Schießbude stehen. Vor dem Heimweg wurde dann noch eingekauft, damit wir zu Hause noch an diesen Tag dachten: Gebrannte Mandeln und Liebesperlen in einem Plastikfläschen, womit wir unsere Puppen füttern konnten.

Endlich Zeit für uns

Während des Tages hatte eigentlich keiner in der Familie so richtig Zeit für uns. Bei allem, was geschah, liefen wir einfach so mit. Obwohl die wenigsten unserer Mütter arbeiteten, waren sie so in den Haushalt eingespannt, dass für Spiele, zum Singen oder Basteln mit uns keine Zeit blieb. So beschäftigten wir uns alleine oder spielten mit unseren Geschwistern oder den anderen Kindern aus der Nachbarschaft.

Aber abends, bevor es ins Bett ging, hatten wir dann Vater oder Mutter ganz für uns. Dann begann die Lesestunde. Jeden Abend wurde ein Kapitel aus einem Buch vorgelesen, das wir uns vorher aussuchen durften. Zu den Lieblingsbüchern zählten sicher die Bücher von Otfried Preußler oder Erich Kästner. Und wenn es ein paar neue Schuhe gegeben hatte, wurden Lurchis neue Abenteuer vorgelesen.

Auch in der Vorweihnachtszeit hatten unserer Eltern – trotz der emsigen Vorbereitungen auf das Fest – Zeit für uns. Jetzt wurde gemeinsam gebastelt, gebacken und an jedem Adventssonntag auch gesungen. Wer konnte, spielte dazu auf der Blockflöte.

Fremd in unserem Land

Seit dem Beginn des Wirtschaftswunders Mitte der 50er Jahre kamen immer mehr Gastarbeiter aus dem südeuropäischen Raum nach Deutschland. In München kam jeden Morgen ein Zug mit ca. 500 neuen Arbeitskräften an. Zunächst war geplant, dass die Arbeiter nach einem Jahr wieder in ihre Heimat zurückgingen, was sich aber nicht durchsetzen ließ.

Der millionste Gastarbeiter erhält bei seiner Ankunft in Deutschland 1964 ein Moped geschenkt

Wie ein kleiner Italiener fühlt sich der Junge am Strand von Jesolo mit Strohhut und Ringelshirt

So holten seit Mitte der 60er Jahre immer mehr Männer ihre Familien nach. Vor allem im Ruhrgebiet, im Rhein-Main-Gebiet und den Großstädten wuchs der Ausländeranteil stark an und die Kinder besuchten mit uns die gleichen Schulen. Da sie die deutsche Sprache natürlich noch nicht beherrschten, gab es zusätzlich muttersprachlichen Unterricht.

Für uns Kinder war der Umgang mit ausländischen Mitschülern völlig neu und gewöhnungsbedürftig, was aber sicherlich für beide Seiten galt.

Bella Italia

Mit den ersten Gastarbeitern aus Griechenland und Italien und den anderen südeuropäischen Ländern wurde der Markt für südeuropäische Speisen und Spezialitäten entdeckt. Eisdielen und Pizzerien schossen vor allem in Städten mit hohem Gastarbeiteranteil wie Pilze aus dem Boden. Und ein bis dahin nicht gekanntes Angebot an Südfrüchten, Pasta und anderen Köstlichkeiten hielt Einzug in die deutschen Küchen. Dies weckte auch die Reiselust. Der Weg über die Alpen war mit dem Auto gut zu bewältigen, und im Durchschnitt hatte jeder Arbeitnehmer seit 1963 einen gesetzlichen Anspruch auf 15 Tage Urlaub.

Beliebte Reiseziele waren die Insel Capri oder der Lido di Jesolo. Aber auch andere Orte an der italienischen Riviera oder Adria wurden während des Sommers von deutschen Touristen überschwemmt. Denn hier konnte man bei angenehmen Temperaturen schwimmen und hatte natürlich Sonnengarantie. Die weite Anreise wurde auch nicht weiter als Nachteil empfunden, fuhren doch viele Familien mit dem Wohnwagen und hatten somit ihr Bett immer dabei.

An der Nordseeküste ...

Ganz anders erging es den Urlaubern an der deutschen oder holländischen Nordseeküste. Zwar wird gern behauptet, dass das Wetter frü-

Den beiden gefällt das Plantschen im seichten Priel

Unter dem Weihnachtsbaum steht ein neuer Puppenwagen. Sehr modern mit abklappbarem Verdeck

her besser gewesen sei, aber wer seine Ferien an der Küste verbrachte, musste damit rechnen, dass man auch im Sommer Winterpullover tragen musste. Das Wasser der Nordsee erreichte höchstens in den Prielen, die sich bei Ebbe bilden, Temperaturen über 20° C. Deshalb wurde dieses Wasser auch gerne als Pippiwasser bezeichnet, auch weil dort vorwiegend die ganz Kleinen badeten – ohne Windeln.

Aber natürlich genossen wir auch diese Ferien, konnten wir doch Sandburgen bauen, Boccia, Strandball oder Fußball spielen und ohne Ende Muscheln sammeln. Und in Holland schmeckten uns die Pommes so gut, dass wir eigentlich nichts anderes hätten essen müssen – mal abgesehen vom Eis aus der italienischen Eisdiele.

Der erste Puppenwagen

Im Alter zwischen vier und sechs Jahren war es wohl der Wunsch eines jeden Mädchens, einen eigenen Puppenwagen zu bekommen. Zu Weihnachten oder zum Geburtstag gab es dann so ein teures Geschenk, natürlich mit sämtlichem Zubehör. Die Puppenwagen sahen den echten Kinderwagen sehr ähnlich. Das Verdeck war herunterzuklappen oder ganz abzunehmen. Außerdem gab es einen Regenschutz und in manchen Fällen sogar einen Sonnenschirm. Es durfte der Puppe eben an nichts fehlen. Stolz zogen die Mädchen damit auf die Straße, die Spielplätze oder zum Einkaufen. Man traf sich mit anderen Puppenmuttis, um die Sorgen des Alltags zu besprechen, die Höschen zu wechseln (auch für unsere Puppen gab es schon Gummihosen). Puppen gab es in allen unterschiedlichen Größen. Besonders beliebt waren die Babypuppen. Später gab es „Schlummerle", besonders weiche Puppen, die einen mit Watte gefüllten Körper hatten, an denen beweglich Arme, Beine und der Kopf befestigt waren.

Die Kleidung der Puppen bestand vorwiegend aus selbst gestrickten oder genähten Sachen, die von unseren Müttern oder Großmüttern angefertigt wurden. Oft sah die Puppenkleidung der unseren sehr ähnlich, denn gestrickt oder genäht wurde aus Resten, die übrig blieben, wenn für uns neu genäht oder gestrickt wurde.

Mit Lego und Fischertechnik bauen wir unsere Welt

Die Jungen spielten mit Lego oder Plastikant. Außerdem gab es Metallbaukästen und Fischertechnik. Dabei waren der Kreativität keine Grenzen gesetzt. Denn fertige Polizeistationen, Burgen oder Ähnliches, die nur noch nach einer Anleitung zusammengebaut werden mussten, gab es noch nicht. Aus einer Menge von Steinen, die meistens in einer leeren Waschmitteltonne aufbewahrt wurden, baute man Häuser, Burgen, Autos oder Schiffe. Auch Panzer wurden entworfen, hatten aber leider die falsche Farbe, denn grüne Steine gab es nicht. Ich kann mich noch gut daran erinnern, dass ich zwar kein eigenes Lego besaß, aber immer gerne mit den Steinen meiner Brüder spielte, die meistens auch nichts dagegen hatten. Umgekehrt wollte aber von den Jungens keiner mit meinen Puppen spielen. Komisch, oder?

Nach der Arbeit folgt das Vergnügen: Das Rutschen auf den Kohlen im Keller

Mit dem Baukran konnte man herrlich die Steine der Baukästen befördern

Spaß im Kohlenkeller

Der Sommer war nicht nur die Zeit des Einmachens, sondern auch des Kohleschippens. Denn in der warmen Jahreszeit waren Kohlen und Briketts besonders günstig. Auf den Straßen vor den Häusern lagen Berge von Kohlen, die natürlich jede Menge Dreck und Staub verursachten. Mit Schubkarren wurde die Kohle durch die Kohlenfenster in die Kohlenkeller gebracht. Meistens halfen sich die Männer gegenseitig bei dieser rußigen Arbeit. Aber auch den Jungen machte es großes Vergnügen, dabei zu helfen. Ausgerüstet mit Lederhose und dunklem Hemd wurde eifrig geschippt. Und wenn der Keller so richtig voll war, kam das Beste: vom Kohlenberg konnte man herrlich rutschen und Staub aufwirbeln, und an diesen Tagen gab es dann ein Bad extra.

Jeden Morgen wurde der Ofen im Keller befeuert und sorgte so zentral für wohlige Wärme im Haus. In vielen Häusern wurde aber noch mit Öfen geheizt. In der Küche stand ein Kohleofen, der für angenehme Wärme sorgte, aber auch für immer heißes Wasser. Oft stand schon ein moderner Gasherd daneben. Auch in den Wohnzimmern stand ein Ofen, der mit Briketts befeuert wurde. Das Leben im Haus konzentrierte sich im Winter auf diese beiden Räume, denn die Schlafzimmer wurden nicht beheizt. Dort war es oft so kalt, dass sich Eisblumen an den Fenstern bildeten, in die man mit dem Finger schöne Muster malen konnte.

Selbst an heißen Sommertagen blieb uns die Schürze nicht erspart

Typische Kluft: Lederhose und Schürze

Und Mädchen trugen eine Schürze

Schon rein äußerlich war deutlich, welchen Weg Mädchen einzuschlagen hatten (dachte man zumindest noch Anfang der sechziger Jahre). Um sich von den Müttern nicht allzu sehr zu unterscheiden, bekamen sie eine Schürze umgebunden. Na ja, über Kleidern und Röckchen sah das ja gar nicht so schlecht aus. Und Hosen gab es schließlich noch nicht für die Kleinen. Außerdem sorgten die heute aus der Mode gekommenen Kleidungsstücke dafür, dass wir uns beim Spülen oder Spielen nicht schmutzig machten.

Für die Jungen waren Lederhosen besonders praktisch. Spülen mussten die ja nicht und der Dreck konnte nach dem Spielen einfach abgebürstet werden. Im Winter trugen sie dreiviertellange „Knickerbocker" und im Sommer eine kurze Lederne. Wichtig war aber nicht die Länge der Hose, sondern der weiße Hirsch auf dem Hosenlatz.

Nur sonntags galt für beide eine besondere Kleiderordnung. Schon zum Kirchgang wurden die Sonntagskleider und Flanellhosen, natürlich mit Hosenträgern, angezogen. Und zu unserem Leidwesen mussten wir den Sonntagsdress den ganzen Tag anbehalten. Gespielt wurde also mit angezogener Handbremse. Und wer spülte?

Schon früh übten wir den richtigen Takt

Kindergarten – Lust oder Frust?

Mit vier oder fünf Jahren kamen wir endlich in den Kindergarten. Obwohl Familien mit zwei bis vier Kindern noch Standard waren und gerade in den Wohnsiedlungen so viele Kinder lebten, dass sie genug Spielkameraden hatten, wurde es üblich, Kindergärten zu besuchen. Die meisten waren Konfessionskindergärten und lagen in der Stadt und noch nicht in den Stadtteilen, so dass wir teilweise lange Wege gehen mussten. Aber das Spielen und Basteln mit den „Tanten", wie die Erzieherinnen von uns genannt wurden, entschädigte für alles. Allerdings gab es auch damals schon Kinder, die sich nicht trennen konnten und heulten und zeterten, wenn ihre Mütter wieder gingen. Aber wenn gutes Zureden nicht half, wurden sie irgendwo hingesetzt, bis sie sich wieder beruhigten. Die Betreuung dauerte bis mittags, denn nur die wenigsten Mütter waren berufstätig. Aber wer wollte, konnte auch nachmittags im Kindergarten spielen, was aber nur von wenigen genutzt wurde.

Olympische Spiele 1964

Die XVIII. Olympischen Spiele in Tokio bringen das Ende für eine gesamtdeutsche Mannschaft. Zum letzten Mal treten Sportler aus beiden deutschen Teilen gemeinsam zu den Wettkämpfen an. Bei den Siegerehrungen wird als Ersatz für die jeweiligen Hymnen zehnmal Beethovens Hymne „An die Freude" gespielt. Die schwarz-rot-goldene Fahne zeigt in der Mitte die Olympischen Ringe. Unvergessen bleibt der Zehnkampf, bei dem Willi Holdorf die Goldmedaille vor dem Russen Aum und dem Deutschen Walde gewinnt. Auch der äthiopische Marathonläufer Abebe Bikila schreibt sich mit seinem zweiten olympischen Gold in die Sportgeschichte ein.

1965–1968
Zwischen Schulstunde und Kinderstunde im Fernsehen

Das 7. bis 10. Lebensjahr

Der erste Schultag

Wie für alle Kinder war der erste Schultag für uns besonders spannend. Aber er spielte noch längst nicht so eine große Rolle für die Verwandtschaft wie heute. Weder Väter noch Großeltern begleiteten uns auf dem Weg ins Schulleben.

Bewaffnet mit Schultüte und Tornister gingen wir mit unseren Müttern zunächst zur Kirche und dann zur Schule, wo wir vom Rektor begrüßt und mit ernsten Worten auf unseren neuen Lebensabschnitt vorbereitet wurden. Die älteren Kinder spielten Theater und sangen für uns. Auch Gedichte wurden aufgesagt. Dann wurden wir den unterschiedlichen Klassen zugeteilt und erwarteten voller Spannung den Klassenlehrer. Die Mütter durften sich noch unseren Klassenraum anschauen, wurden aber danach entlassen und der Unterricht konnte beginnen. Die Schultüten wurden auf die Fensterbank verbannt und wir bekamen unsere ersten Bücher, die voller Stolz in unsere Schulranzen gepackt wurden.

Nach der Schule ging es artig zum Fotografen

Chronik

19. August 1965
Das bisher längste Gerichtsverfahren der Bundesrepublik, der Auschwitz-Prozess, geht mit der Verkündung der Urteile zu Ende. Die zum Teil sehr milden Urteile stoßen im In- und Ausland auf starke Proteste.

19. Januar 1966
In Indien wird die erst 48-jährige Indira Gandhi als erste Frau zur Ministerpräsidentin gewählt. Sie übernimmt die Staatsgeschäfte in einer von Krisen und Hungersnot gezeichneten Zeit.

30. Juli 1966
Die deutsche Fußballnationalmannschaft unterliegt im Endspiel der Fußball-Weltmeisterschaft im Londoner Wembley-Stadion England mit 4:2. Dabei schreibt das Tor zum 3:2 in der Verlängerung Fußballgeschichte. War der Ball, der von der Querlatte senkrecht auf den Boden prallt, vor oder hinter der Linie?

1. Dezember 1966
Erstmals regiert die SPD innerhalb einer großen Koalition unter Kanzler Kurt Georg Kiesinger (CDU).

5. Juni 1967
Israel beginnt einen Präventivkrieg gegen die arabischen Staaten. Der so genannte Sechstagekrieg ist der dritte, den Israel gegen die arabische Welt führt und überlegen gewinnt.

1. Juli 1967
Die Europäische Gemeinschaft wird in Rom gegründet. Neben Italien, Frankreich, der Bundesrepublik Deutschland gehören auch die Benelux-Länder zu den ersten Mitgliedern.

27. März 1968
Die westdeutsche Rektorenkonferenz beschließt, den Numerus clausus, eine Zulassungsbeschränkung für bestimmte Fächer, einzuführen.

4. April 1968
In Memphis wird der schwarze Bürgerrechtler und Nobelpreisträger Martin Luther King ermordet.

20. August 1968
Truppen des Warschauer Pakts besetzen die Tschechoslowakei trotz internationaler Proteste und des Widerstandes der Bevölkerung. Sie wollen den Demokratisierungsprozess, der am 5. April als Prager Frühling begann, mit Gewalt beenden.

Aktuell waren Ledertornister mit einem Griff, wie an einer echten Aktentasche. Und die Verschlüsse hatten gelbe Katzenaugen. Schon nach dem ersten Schultag gingen wir allein nach Hause. Den Schulweg kannten wir nämlich ganz gut, weil wir ihn vor Schulbeginn schon einige Male geprobt hatten.

An der großen Tafel steht, wie's gemacht wird. Aufmerksam versucht das I-Männchen, genauso schön abzuschreiben

Schönschreiben und das kleine Einmaleins

Unsere ersten Buchstaben und Zahlen schrieben wir noch auf eine Schiefertafel. Vorher malten wir aber Spazierstöcke, Wellen, kleinen und großen Rauch usw.: für ein lockeres Handgelenk! Was unordentlich war, bestimm-

7. bis 10. LEBENSJAHR

te der Lehrer und was unordentlich war, wurde ausgewischt und noch einmal geschrieben. Dazu gab es Schwammdöschen und selbst gehäkelte Tafellappen, die wie Topflappen an einem langen Band aussahen. Sie waren durch ein Loch an die Tafel gebunden, und gingen wir nach der Schule nach Hause, baumelten sie zum Trocknen aus dem Tornister.

Erst später schrieben wir in Hefte. Und im 3. Schuljahr gab es endlich den lang ersehnten Füller. Pelikan in rot oder Geha in grün. Sie unterschieden sich vor allem dadurch, dass bei dem einen die Patrone richtig, bei dem anderen verkehrt herum eingedrückt wurde.

Kopfrechnen und das kleine Einmaleins lernte bei uns sicherlich jeder. Denn unsere Lehrer liebten Spiele wie „Wer zuletzt steht, lernt nicht gut". Die ganze Klasse stand und wer eine Rechenaufgabe lösen konnte, durfte sich setzen. Es ist klar, dass keiner noch als letzter stehen wollte, um dann als Versager geoutet zu werden.

Pausenbrot und Peitsche

Passend zu den Pausen holte der Milchdienst beim Hausmeister Milch und Kakao in Drahtkörben. Dies war ein sehr beliebter Job, denn man durfte den Unterricht schon fünf Minuten vor dem Klingeln verlassen, damit pünktlich die Milch auf dem Tisch stand. Das Milchgeld wurde einmal in der Woche eingesammelt und wählen konnte man nur zwischen Kakao und Milch, im Sommer kalt und im Winter so heiß, dass man eigentlich erst nach der Pause trinken konnte, was natürlich strengstens verboten war.

Gehorsam und Disziplin waren noch Werte, die jedem von uns vermittelt, wenn nötig auch durch massive Strafen „eingebläut" wurden. Nachsitzen und in „der Ecke stehen" waren dabei die harmloseren Strafen. Schlimmer war es etwa, 50-mal den Satz „Ich darf nicht ungefragt in die Klasse hineinrufen" abzuschreiben. Auch körperliche Züchtigung wurde erst 1973 verboten. Kopfnüsse oder leichte Schläge auf den Hinterkopf haben schließlich noch keinem geschadet. Unsere Eltern fanden das übrigens ganz in Ordnung. Und eine Backpfeife hätte keinen veranlasst, Kontakt zum Lehrer zu suchen, um über Erziehungsmethoden oder pädagogische Ansätze zu diskutieren.

Der Minirock kommt!

Die Engländerin Mary Quant erfand den Minirock (Rocksaum mindestens 10 cm oberhalb des Knies), der seit 1965 erfolgreich verkauft wurde. Quants Ziel war es, nicht elitäre, sondern populäre Mode zu machen, die für jeden bezahlbar und tragbar war. Nicht mehr die figurbetonte Frau ab 30 der 50er Jahre war Vorbild, sondern Teens und Twens mit ihren langen Beinen und minimal ausgeprägten weiblichen Formen.

Das Topmodel der 60er Jahre war Twiggy, die schon bald von der Presse als „teuerste Bohnenstange der Welt" bezeichnet wurde.

Kurzschuljahre und das Ende der Volksschulen

In der Zeit von 1966 bis 1967 wurde die Versetzung von Ostern in den Sommer verlegt. Das hatte zur Folge, dass die Schuljahre jeweils nur acht Monate lang waren. Diejenigen von uns, die bis Ende März 1959 geboren wurden, hatten somit ein normales erstes Schuljahr und Kurzschuljahre im zweiten und dritten Schuljahr, die anderen fingen direkt mit einem Kurzschuljahr an. Dies war also der letzte Jahrgang, der noch Ostern eingeschult wurde. Dadurch hatten wir die Möglichkeit, unsere Schulzeit um ein Jahr zu verkürzen. Allerdings konnte man auch das fünfte Schuljahr wiederholen, ohne sitzen zu bleiben, was aber eine einmalige Sache blieb.

Mit der Abschaffung der Volksschulen und Trennung in Grund- und Hauptschulen wurde auch die Gemeinschaftsschule eingeführt, das heißt, man trennte katholische und evangelische Schüler nicht mehr, sondern unterrichtete sie gemeinsam in einer Schule. Gerade die katholische Kirche und viele katholische Lehrer taten sich mit dieser Entscheidung schwer, was zur Folge hatte, dass sofort katholische, aber auch einige evangelische Bekenntnisschulen eingerichtet wurden. Und nach wie vor gingen die katholischen Schüler einmal wöchentlich zum Schulgottesdienst.

Familienabend mit Kuli und Co.

Der Samstagabend gehörte der Familie. Man machte es sich ab 20.00 Uhr im Wohnzimmer vor dem Fernseher gemütlich. Es gab Flips und Erdnüsse, Schogetten oder Haribo-Konfekt, dazu Kellergeister oder Kröver Nacktarsch für die Mutter, eine Flasche Bier für den Vater und Limo für die Kinder. Und nach den Nachrichten ging es los mit der Spielshow. Die beste aller Shows war wohl EWG (Einer wird gewinnen) mit Kandidaten aus acht Ländern, Hans Joachim Kulenkampff und dem Butler Martin, die seit 1964 lief. Aber auch „Wünsch dir was" mit Vivi Bach und Dietmar Schönherr oder „Am laufenden Band" mit Rudi Carell erfreuten sich großer Beliebtheit.

Kirche und Kommunion

Die Vorbereitung für die erste heilige Kommunion wurde von den Pastoren übernommen, die dazu in die Schulen kamen. Ein Jahr vor dem Termin wurde mit dem Kommunionunterricht begonnen.

Das Sakrament der Beichte wurde schon im zweiten Schuljahr gespendet. Dazu gab es die Beichtvorbereitung. Vor der ersten Beichte wurde sorgfältig der Beichtzettel geschrieben, wieder verworfen, neu formuliert, auswendig gelernt. Und als Strafe zehn Vaterunser und zehn Gegrüßet seist du Maria. Die Zeit des Betens konnten wir aber nutzen, um zu schauen, wer noch so alles beim Beichten war, denn die Kirche war dann immer sehr leer und übersichtlich.

Der Höhepunkt der Kommunionausbildung fand in den Osterferien statt. Jeden Morgen marschierten wir in die Kirche, um

Nicht alle Mädchen durften Kniestrümpfe tragen

zu proben. Die Lieder und Gebete wurden einstudiert, die Sitzordnung festgelegt – die Kleinen in die erste Reihe, die Großen nach hinten – und die Messabfolge immer wieder besprochen und geprobt.

Zu diesem Tag wurde die Verwandtschaft eingeladen, und schon Tage vorher wurde Essen vorbereitet. Stühle, Tische, Geschirr und Besteck lieh man sich bei den Nachbarn aus und das Wohnzimmer wurde umgestellt.

Am Sonntagmorgen mussten wir nüchtern in die Kirche gehen und vorher diskutieren: Kniestrümpfe oder Strumpfhose. Diese Frage stellte sich für die Jungen natürlich nicht. Nach der Messe kam der Fotograf und dann ging es nach Hause, um endlich die Geschenke auszupacken. Eine Uhr, Bücher, Gesangbuch und Rosenkranz, Taschentücher mit Monogramm in schöner Hülle und für die Mädchen auf jeden Fall ein Poesiealbum waren Standard. Standard auch beim Essen: Nach einer klaren Suppe gab es Braten mit diversem Gemüse und Kartoffeln oder Knödeln. Und zum Nachtisch Weincreme – mit Alkohol. Auf die Kaffeetafel gehörten neben anderen Kuchen selbstverständlich Buttercreme- und Schwarzwälder-Kirschtorte und Bohnenkaffee. Für die Kinder Kakao oder zur Feier des Tages stark verdünnten Kaffee. Und zwischendurch wurden Likörchen gereicht.

Kommunionkind mit Patentanten

Freundschaftsschwüre und schöne Sprüche

Poesiealben spielten bei den Mädchen eine außerordentlich große Rolle. Die Alben wanderten durch die Klassen und die Verwandtschaft und wurden dabei mit Samthandschuhen angefasst. Jede gab sich die größte Mühe, den schönsten Spruch zu finden, ihn in der schönsten Handschrift, natürlich mit Füller, auf die rechte Seite des Buches zu schreiben und die Doppelseite dann möglichst schön zu verzieren. Damit nichts schief ging, wurden entweder mit Bleistift dünne Linien gezogen oder ein Linienpapier eingelegt. Verschönert wurden die Seiten dann mit Glanzbildern. Je nachdem, wie wichtig uns die Besitzerin des Poesiealbums war, wurden Glanzbilder mit oder ohne Glitter eingeklebt. Gute Zeichnerinnen malten mit Buntstiften Ranken, Blüten oder Ähnliches.

Bei manchen Alben durfte man sich nicht aussuchen, auf welcher Seite man schrieb. Die Eigentümerinnen hatten nämlich mit dünnem Bleistift oben in die Ecke die Namen derjenigen geschrieben, die sich auf genau dieser Seite verewigen sollten. Bei diesem internen Ranking konnte man genau feststellen, wie hoch man in der Gunst stand. Je weiter hinten man seinen Namen fand, desto geringer war das Ansehen. Manch böses Kind soll sich mit einem Tintenklecks dafür bedankt haben.

Wie sorgfältig mit den Büchern umgegangen werden sollte, machten wir deutlich, indem wir die erste Seite selber beschrieben: „Liebe Leute groß und klein, schreibt mir in dieses Album rein. Reißt nur ja keine Blätter raus, sonst ist unsere Freundschaft aus."

Der Sinngehalt der Sprüche war häufig der Gleiche. In Reimform wurden wir auf unser

Sprüche fürs Leben in Schönschrift mit Blumen

Leben als brave, bescheidene Mädchen vorbereitet. „Sei immer freundlich, tu deine Pflicht, sei immer höflich und klage nicht" oder „Dein Haus sei immer hell und rein, noch mehr solls deine Seele sein". Aber dass diese Sprüche vor allem für die Zukunft geschrieben wurden, macht folgender Vers deutlich: „Wenn der Kindheit frohe Tage hinter uns einst liegen weit, dieses Blättchen soll dir sagen, schön war unsere Jugendzeit." Auch die abschließenden Sätze „zur Erinnerung an unsere Schulzeit" oder „dieses schrieb dir deine Freundin" machen deutlich, dass die Alben erst im Alter Bedeutung erlangen sollten.

Der Tod des Benno Ohnesorg

Am 2. Juni 1967 wird bei einer Schah-Demonstration in Berlin der Student Benno Ohnesorg von zwei Polizeikugeln tödlich verletzt. Er nahm zum ersten Mal an einer Demonstration teil und musste sterben, weil er einem Freund zur Hilfe kommen wollte, der von der Polizei in einen Hinterhof getrieben worden war.

Der Tod des Studenten war der Auslöser der Studentenrevolte in Deutschland und führte nicht nur zur Politisierung der Studenten, sondern später auch zur Radikalisierung und zu Terrorismus in Deutschland in den 70er Jahren.

Gummitwist: Wer die wenigsten Fehler macht, springt am längsten

Spielen auf der Straße

Früher wurde draußen gespielt, denn der Platz im Haus oder in den Wohnungen war knapp bemessen, die Kinderzimmer waren so klein, dass sie nur zum Schlafen genutzt wurden. Bei ganz schlechtem Wetter spielte man am Esstisch oder auf dem Boden des Wohnzimmers.

Die Kinder der Nachbarschaft trafen sich nach dem Essen auf der Straße oder in den Höfen. Wenn das erste Kind draußen war, machte es so viel Lärm, dass gleich danach auch die anderen, durch den Krach angelockt, kamen. Je nach Laune spielten dann alle zusammen, oder man bildete größere oder kleinere Gruppen. Oft spielten Jungen und Mädchen getrennt, aber bei Spielen wie Räuber und Gendarm, Verstecken, Fangen oder Blinde Kuh machten alle mit. Unterbrochen wurde das Spiel nur durch die Mahlzeiten. Und wenn wir nach dem Abendessen noch einmal nach draußen durften, wussten alle, dass wir spätestens, wenn die Straßenlaternen angingen, nach Hause kommen mussten.

Gummitwist & Co.

Viele der Spiele wurden schon seit Generationen in ähnlichen Formen immer weitergegeben. Dazu gehörte das Hüpfspiel „Himmel und Hölle", was wahrscheinlich schon von den Römern importiert wurde.

Die verschiedenen Stufen in den Himmel mussten erklommen werden, indem zuerst ein Stein auf die erste Stufe geworfen wurde. Diese musste hüpfend übersprungen werden, ohne dass Stein oder Fuß eine Linie berührten. Danach wurde der Stein auf die nächste Stufe geworfen und man musste bis dorthin springen usw. Wer zuerst im Himmel gelandet war, hatte gewonnen. Landete man in der Hölle, war man der Verlierer. Wie im richtigen Leben! Es gibt je nach Region unterschiedliche Varianten und andere Namen wie Kaschtel-Hupfe oder Hinkepinke.

Absolut neu für uns war hingegen „Gummitwist". Wer auf die Idee kam, aus Mutters Nähkasten ein Gummiband zu nehmen, die Enden zusammenzuknoten und daraus ein Hüpfspiel zu kreieren, lässt sich heute nicht

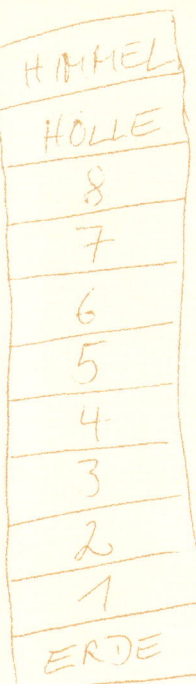

Versteckspiel in Nachbars Garten

mehr feststellen, obwohl es so viel jünger ist als Himmel und Hölle. Gummitwist konnte überall gespielt werden und war vor allem bei Mädchen beliebt, die jede freie Minute nutzten, nach alten oder immer neu variierenden Regeln über das Band zu hüpfen. Dabei mussten die Regeln von allen Mitspielerinnen eingehalten werden. Wer einen Sprung ausließ, auf das Band sprang, wenn es gerade nicht vorgesehen war oder die erforderliche Höhe nicht erreichte, musste aufhören. Die nächste kam dann an die Reihe.

Auch das Federballspiel war eine Erfindung der sechziger Jahre. Gespielt wurde ohne Netz. Es war eher Ausdauertraining gefragt, dabei wurde jedes Hin und Her des Balles gezählt. Und nicht selten schaffte man mehr als 100 Schläge hintereinander.

Kamen mehrere Kinder zusammen, spielten wir Räuber und Gendarm, Fußball oder Völkerball. Auch Verstecken in Nachbars Garten machte viel Spaß. Dabei spielte das Alter der Kinder keine Rolle. Auch die Kleinen bekamen ihre Chance.

Sommerzeit war Einmachzeit

Das ganze Jahr über kochte und aß man die Früchte der Saison. Zusätzlich wurde im Sommer aber für den Winter vorgesorgt, indem der Überschuss an Obst und Gemüse eingekocht wurde. So war man während des Sommers immer wieder damit beschäftigt, zu sammeln, zu pflücken, zu entkernen oder zu döppen, Marmeladen zu rühren oder Gelee zu kochen. Die ganze Ausbeute wurde in Weckgläsern unterschiedlicher Größen eingekocht und in langen Regalen im Keller gelagert. Dabei wurde die ganze Familie eingespannt. Jeder machte das, was er konnte. Für uns Kinder bedeutete das, dass wir vorwiegend Stachel- oder Johannisbeeren pflückten, weil die in erreichbarer Höhe hingen. Besonders viel Spaß hatten wir aber, wenn wir in die Obstbäume steigen durften und neben unserer eigentlichen Arbeit so viele Kirschen oder Äpfel essen durften, wie wir wollten. Langweiliger war es da schon, im Garten zu sitzen und Erbsen oder dicke Bohnen zu döppen oder Bohnen zu fieseln.

Kinderstunde im Fernsehn

Seit Anfang der 60er Jahre, spätestens aber seit den Olympischen Spielen 1964 in Mexiko und der Fußballweltmeisterschaft 1966 in England, hielten die Fernsehgeräte Einzug auch in die letzten deutschen Wohnzimmer und avancierten zum Massenmedium schlechthin. Allerdings gab es noch lange keine „Rundum-Berieselung". Lange gab es lediglich das erste Fernsehprogramm. Erst 1963 nahm das ZDF seinen Sendebetrieb auf und bot ein (wenn auch nicht echtes) Alternativprogramm. Aber von nun an hatte man wenigstens die Möglichkeit umzuschalten.

Wer tagsüber den Fernseher einschaltete, blickte auf das unbewegliche Testbild, das aber unangenehme Geräusche machte. So ging es uns auch, wenn wir die Kinderstunde nicht mehr abwarten konnten, die jeden Tag erst gegen 17.00 Uhr begann. Sonntags begann unser Programm aber schon um die Mittagszeit.

Zu unseren Standardsendungen gehörten **„Das Zauberkarussell"** mit Cebulon und **„Die kleinen Strolche"**. Und wer erinnert sich nicht an den **„Hasen Cäsar"**, **„Dick und Doof"** und **„Väter der Klamotte"**. Später erweiterte sich unser Programm und wir verfolgten **„Bezaubernde Jeannie"** oder **„Stanley Beamish"**, dessen **„große Stunde kam, immer wenn er Pillen nahm"**. Auch **„Mein lieber Onkel Bill"** schwappte mit der Amerika-Welle ins deutsche Vorabendprogramm.

Zu den besonderen Highlights zählten ohne Frage die Filme von Pippi Langstrumpf und die Auftritte von **„Oehmichens Puppentheater"**.

Die Augsburger Puppenkiste wurde vorwiegend an den Sonntagen vor Weihnachten gesendet. Jedes Jahr ein neues Stück in vier bis sechs Teilen. Voller Spannung erwarteten wir den **„Kater Mikesch"**, den kleinen dicken Ritter **„Oblong Fitz Oblong"**, den **„brüllenden Löwen"** oder **„Jim Knopf"**. Aber auch, als wir meinten, schon zu alt für Puppentheater zu sein,

Jeannie, die Frau mit dem bezauberndsten Augenaufschlag

verfolgten wir voller Spannung **„Urmels"** Abenteuer und die Geschichte des **„kleinen Königs Kalle Wirsch"**.

Unverzeihlich fanden wir es, wenn unsere Eltern uns an einem dieser Sonntage zum Verwandtenbesuch zwangen, wo es dann statt Puppentheater Plätzchen und Kuchen und gähnende Langeweile gab. Auch **„Pippi Langstrumpf"** gab es nicht regelmäßig zu sehen. Genauso wie **„Die Kinder aus Bullerbü"** oder **„Ferien auf Saltkrokan"** wurden diese Filme am liebsten im Ferienprogramm in den Sommerferien gesendet, was ziemlich gemein war, denn bei schönem Wetter ging man natürlich lieber ins Freibad. Und so geniale Geräte wie Videorekorder oder DVD-Player waren leider noch nicht erfunden.

Immer wieder samstags

Die Samstage waren geprägt von zwei wichtigen Terminen: Zum einen mussten die Autos gewaschen werden, zum anderen sollte uns selber aber auch eine gewisse Pflege zukommen, es war Badetag.

*Zu zweit macht das Baden noch mehr Spaß.
Und oft setzten wir das Badezimmer unter Wasser*

Das Autowaschen war eine reine Männerdomäne. In den Garagenauffahrten, den Höfen oder einfach am Straßenrand traf man sich, um den „besten Schatz" der Familie zu pflegen. Denn die Autos waren das Prestigeobjekt schlechthin. Ausgerüstet mit Gartenschlauch (Profis hatten einen Bürstenaufsatz) oder Wassereimern, in die chemische Zusätze zur schonenden Reinigung kamen, mit Fliegenschwamm und weichem Schwamm und natürlich einem Fensterleder zum Trocknen machten sich Väter und Söhne ans Werk. Wer konnte, hörte ab halb vier die Berichte der Fußballbundesliga dazu. Alle vier Wochen wurde der Lack gewachst. Dazu wurde das flüssige Wachs mit einem Tuch aufgetragen und nach dem Trocknen mit spezieller Watte poliert. Und die Autos glänzten wie neu!

Jeden Samstag wurde auch gebadet. Und das betraf die gesamte Familie. In vielen Wohnungen gab es noch kein Badezimmer, so dass in der Küche oder in der Waschküche eine Zink- oder Plastikwanne aufgestellt werden musste. In moderneren Häusern gab es neben der Zentralheizung schon Badezimmer mit Badewanne und fließendem Warmwasser. Aber eine Heizung gab es noch nicht, so dass man sich mit einem Infrarot-Strahler half. Die Kinder kamen zusammen in die Wanne, was Zeit und Wasser sparte. Nach dem Baden zogen wir sofort unsere Schlafanzüge an und durften das Haus nicht mehr verlassen. Im Sommer konnte das schon eine Strafe sein, denn wir hätten natürlich gerne noch bis zum Eintreten der Dämmerung gespielt, aber im Winter war das kein Problem für uns, denn dann durften wir nach dem Baden fernsehen.

Allerdings waren wir nicht die Herrscher über das Programm. Unsere Väter bestimmten nämlich immer und ausschließlich, was geguckt werden durfte. Und am Samstagabend konkurrierte immer die Sportschau mit Thammy, dem Mädchen vom Hausboot und später dann mit Daktari. Kinder von fußballbegeisterten Vätern hatten allerdings gelegentlich das Glück, dass sich das Badeprogramm hinauszögerte, weil der Vater in der Badewanne eingeschlafen war, oder aber die Bundesliga Spielpause hatte.

Der Haar-Erlass

Die immer länger werdenden Haare der männlichen Bevölkerung führen bei der Bundeswehr zu Problemen. Erlaubt ist dort nämlich nur eine Haarlänge, die nicht über den Hemdkragen hinausreichen darf. Aber immer mehr junge Männer möchten auf die modische Länge auch beim Bund nicht verzichten. So wird 1967 auf einer Kommandeurstagung der so genannte „Haarerlass" vorgelegt, der vorsieht, dass Männer mit längeren Haaren unter dem Helm ein Haarnetz tragen müssen.

Spaß im Freizeitbad mit dem NIVEA-Ball

Bonanza-Rad mit Lenker oder Lenkrad

Pack die Badehose ein

An heißen Tagen in den Sommerferien trafen wir uns mit Freunden aus der Nachbarschaft und der Schule im Freibad. Viele Freibäder gab es in den 60er Jahren noch nicht und die meisten lagen außerhalb der Städte am Waldrand oder zwischen den Feldern. Deshalb waren die Wege oft weit und uns war jede Abkürzung recht. Oft führten die kürzesten Wege über Felder oder Weiden, auf denen die Kühe friedlich grasten. Wer mutig war, zog seine Sandalen aus und marschierte mitten durch die frischen Kuhfladen, was herrlich quatschte, wenn sich der Mist durch die Zehen zwängte. Und spätestens im Freibad wurden die Füße ja wieder sauber.

Das Wasser in den Becken wurde nicht beheizt, weshalb gerade zu Anfang der Ferien die Nichtschwimmerbereiche besonders voll waren. Denn dort heizte sich das Wasser viel schneller auf. Nur den Mutigen gehörte der Platz im „Tiefen". Wem es im Wasser zu kalt wurde, dem blieb die Möglichkeit, auf den großen Wiesen Fußball oder Federball zu spielen oder man traf sich zum Kartenspielen auf einer Decke. Und zu jedem Freibad gehörte ein „Büdchen", an dem man Getränke, kleine Snacks und natürlich Eis kaufen konnte. Die großen Renner beim Eis waren ohne Frage „Brauner Bär" oder „Dolomiti". Aber auch „Happen" oder „Split" zählten zu unseren Favoriten.

Bonanza-Räder

Für viele von uns blieben sie ein unerfüllter Traum, aber wer eines hatte, zog bestimmt viele neidische Blicke auf sich und vor allem auf sein neues Fahrrad. Seit Mitte der 60er Jahre gab es die Räder mit „Easy-Rider-Lenker" und Bananensattel auf dem deutschen Markt. Aber der Druchbruch gelang erst 1968, nachdem sie als Bonanza-Räder im Neckermann-Katalog erschienen. Eigentlich wurden diese Räder High-Riser oder Poloräder genannt, aber sehr schnell setzte sich der Name Bonanza-Rad durch. Und erst mit dem richtigen Outfit, nämlich Fuchsschwanz und Chromhupe bekamen sie den richtigen „Drive". Allerdings mussten wir beim Fahren doch ordentlich aufpassen, denn so geländegängig wie sie sein sollten, waren sie dann doch nicht.

Lakritze und Salmiakpastillen

Von unserem spärlichen Taschengeld oder wenn man von Verwandten zwischendurch mal ein paar Groschen zugesteckt bekam, kauften wir uns am „Büdchen", am Kiosk an der Schule oder im Laden gern etwas Süßes. Für 5 Pfennig gab es eine Tüte Salmiakpastillen. Bevor die verzehrt wurden, klebten wir sie zunächst mit Spucke auf unserem Handrücken fest. Als Stern oder Blume hatten sie aber keine lange Überlebenschance. Stück für Stück verschwanden die rautenförmigen Pastillen dann doch in unseren Mündern.

Auch Katzenpfoten und Lakritzschnecken wurden gerne genommen. Am besten schmeckten die Schnecken, wenn man sie zuerst bis auf den letzten Zentimeter entrollt hat und danach das Band noch einmal geteilt hat bis zur maximalen Länge. Dann steckte man das eine Ende in den Mund und versuchte nur mit den Zähnen und der Zunge das Lakritz im Mund verschwinden zu lassen und natürlich zwischendurch auch zu kauen.

Wer eher auf Honiggeschmack stand, kaufte sich gerne eine Leckmuschel. Aber auch Ahoi-Brause als Würfel oder in Pulverform stand hoch im Kurs. Das Pulver konnte man in Wasser auflösen und trinken, oder aber man schüttete es sich in die hohle Hand, um es nach und nach aufzulecken. Besonders mutig war, wer sich traute, einen ganzen Würfel Brause in den Mund zu stecken und ihn ganz zu zerkauen. Denn das schäumte so, dass man den Schaum kaum im Mund behalten konnte. Und wenn man gerade mal etwas mehr Geld zur Verfügung hatte, konnte man sich eine Wundertüte oder eine Pez-Figur mit passenden Brausebonbons leisten.

„Spiel ohne Grenzen" im Garten

Schmierseife – ihre Geschicklichkeit und Teamfähigkeit unter Beweis stellen mussten. Für Deutschland wurde das bunte Treiben von Camillo Felgen moderiert.

Wir Kinder nahmen uns diese Show zum Vorbild, selber „Spiel ohne Grenzen" zu spielen. Mit allen möglichen Geräten wie Stelzen, Hüpfball, Pedalo, mit Wasser gefüllten Eimern oder Zinkbadewannen, Ketcars usw. dachten wir uns immer wieder neue Parcours aus, die möglichst schnell und vor allem ohne Fehler zu bewältigen waren. Je nachdem wie viele Kinder zusammenkamen, machten wir Einzel- oder Mannschaftswettkämpfe. Dabei spielte das Alter keine Rolle. Jeder durfte mitmachen, aber alle unter gleichen Bedingungen.

Spiel ohne Grenzen

Samstagnachmittags lief seit 1965 eine Show, in der Städtemannschaften aus verschiedenen Ländern bei unterschiedlichen Spielen – besonders beliebt waren Spiele mit Wasser und

Einführung des Farbfernsehens

Im August 1967 wird im ZDF zum ersten Mal eine Sendung in Farbe ausgestrahlt. In Deutschland sowie in allen anderen westeuropäischen Ländern entschied man sich für das Pal-System. Von nun an wurden zuerst nur sehr wenige Sendungen farbig gesendet. Nachrichten und Sportsendungen gab es noch lange in Schwarz-Weiß. In den Fernsehzeitschriften wurden die farbig ausgestrahlten Sendungen mit einem F extra gekennzeichnet.

1969–1972
Von Sammelbildern und Winnetou zur Bravo und der ersten Party

Das 11. bis 14. Lebensjahr

Sonntagsausflüge ins Grüne

Sonntags fanden die berühmt-berüchtigten Familienausflüge statt. Das Ritual begann regelmäßig nach dem Mittagessen damit, dass mindestens die Hälfte der Familie maulte und viele wichtige Gründe wusste, warum man zum Spaziergang überhaupt keine Zeit hatte. Wenn das nichts half, waren die Schuhe zu klein, der Kopf tat weh, oder man hatte die Hausaufgaben noch nicht erledigt. Dabei war allen klar, dass die Diskussion selten zum Ziel führte und so zog die Familie schlecht gelaunt ins Grüne. Etwas besser war die Stimmung nur, wenn wir erst mit dem Auto irgendwohin fuhren, um dann zu laufen. Das versprach zumindest eine Unterbrechung, um eine Kaffeepause mit Kuchen oder Eis einzulegen.

Sammeln war unsere Leidenschaft

Nicht erst seitdem im Jahr 1972 das Überraschungsei erfunden wurde, entdeckten wir unseren Sammeltrieb. Geschickte Geschäftsleute erkannten, dass man durch das Sammeln von Fußballbildern, Glanzbildern und anderen Dingen viel Geld verdienen konnte. Zu jeder neuen Fußball-Bundesliga-Saison gab es ein Album, in dem sämtliche Vereine mit allen Spielern zu finden waren. Und am Kiosk oder im Schreibwarenladen konnte man, in Tüten abgepackt, die dazugehörigen Fußballbilder erstehen. Da unser Taschengeld begrenzt war, fiel es schwer, ein Album komplett voll zu bekommen. Auch das Tauschen mit Klassenkameraden half nicht immer. Denn einige Fußballer waren besonders beliebt und

Chronik

17. August 1969
Das dreitägige Woodstock-Festival zieht 1 Mio. Menschen an und wird zum Höhepunkt der Hippie-Kultur.

3. Oktober 1969
Willy Brandt wird als erster Sozialdemokrat zum Bundeskanzler gewählt. Die SPD regiert nun zusammen mit der FDP.

18. Juni 1970
Von nun an darf schon mit 18 Jahren gewählt werden. Das beschließt der deutsche Bundestag.

7. Dezember 1970
Der deutsch-polnische Vertrag wird von Bundeskanzler Brandt und dem polnischen Ministerpräsidenten Cyrankiewicz unterzeichnet. Willy Brandt kniet am Mahnmal des Warschauer Ghettos nieder, womit endlich die deutsch-polnische Vergangenheitsbewältigung auf politischer Ebene beginnt.

3. Mai 1971
Erich Honecker löst Walter Ulbrich als Ersten Sekretär des SED-Zentralkomitees der DDR ab.

10. Dezember 1971
Willy Brandt erhält als vierter Deutscher den Friedensnobelpreis. In der Begründung heißt es, er habe als Kanzler der Bundesrepublik zur Versöhnung zweier Feindesländer aufgerufen und damit die Bedingungen für einen Frieden in Europa geschaffen.

24. April 1972
Nach der Ratifizierung der Ostverträge kommt es zu Überläufen von SPD-Abgeordneten zur CDU. Dadurch erhält die CDU/CSU eine Mehrheit im Bundestag und stellt ein konstruktives Misstrauensvotum gegen Kanzler Willy Brandt. Es scheitert, weil mindestens zwei Abgeordnete der CDU/CSU dagegenstimmen.

18. Juni 1972
In Brüssel besiegt die deutsche Fußballnationalmannschaft das sowjetische Team mit 3:0 und wird Europameister. „Die beste Mannschaft aller Zeiten spielte Traumfußball", sind sich Kritiker einig.

Heiß begehrt und gern getauscht wurden die Glanzbilder

wir waren immer der festen Überzeugung, dass von den Besten nur sehr wenige Bilder in Umlauf kamen, um den Verkauf noch anzuheizen. Da nutzte es wenig, wenn man drei Höttges gegen einen Seeler bot. Höttges hatte nämlich jeder.

Besonders spannend waren aber Welt- oder Europameisterschaften. Dann gab es neben den deutschen auch noch die internationalen Stars, von denen Pele oder Eusebio natürlich absolute Topfavoriten waren.

Mädchen sammelten lieber Glanzbilder, die in verschiedenen Briefumschlägen oder Zigarrenkisten aufbewahrt wurden, je nach Thema oder Ausstattung. Märchen kamen in die eine, Blumen in die andere Kiste, und die selteneren Glitterbilder wurden ganz gesondert aufbewahrt. Beim Tauschen galt das gleiche Schema: Je wertvoller ein Glanzbild von uns eingeschätzt wurde, desto mehr einfache Bilder bekam man beim Tauschen.

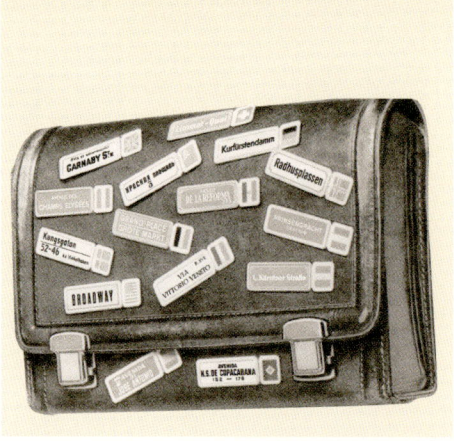

15 „Nummis" von BP konnte man sammeln und auf ein passendes Poster oder den Ranzen kleben

Versöhnliches Ende eines Wandertages: ein Lagerfeuer

Nicht geschlechtsabhängig war das altbekannte Sammeln von Briefmarken. Das war eher eine Tradition, die innerhalb einer Familie weitervererbt wurde. Auch all das, was man beim Tanken bei Esso, Aral oder BP bekam, wurde gesammelt. Unsere Väter sollten also immer genau da tanken, wo es die schönsten oder interessantesten Sachen gab. Besonders hoch im Kurs standen die Oldtimer-Gemälde von Aral, internationale Nummernschilder oder Münzen mit den Fußballspielern der WM von 1970.

Von ganz anderer Bedeutung war die Sammelleidenschaft unserer Mütter. Denn statt Geld auszugeben, sammelten sie Prozente in Form von Rabattmarken. Die waren in den sechziger Jahren noch für viele wichtig, denn ein volles Rabattmarkenheft brachte bares Geld, wenn man es einlöste.

Wandertag

Schon allein der Name klang so abstoßend, dass wirklich keiner Lust hatte auf diesen schulfreien Tag, an dem die Lehrer uns einmal so richtig quälen konnten. Denn gewandert wurde nicht nur in der Schule, sondern auch mit den Eltern, so dass es wirklich nichts Besonderes für uns war.

Die Klassen trafen sich meistens vor der Schule, um sich dann von dort aus in die unterschiedlichsten Richtungen auf den Weg zu machen. Manchmal hatten wir Glück, wenigstens eine kleine Strecke mit dem Zug zu fahren, bevor es dann auf Schusters Rappen losging. Zu unserer Ausrüstung gehörte auf jeden Fall die „Mundorgel", ein kleines rotes Heftchen in Hosentaschenformat, in dem alle Wanderlieder standen, die dann mehr oder weniger laut gesungen wurden, damit uns der Weg nicht so lang vorkam. Und wenn wir endlich eine Pause einlegten, packten wir nicht nur unsere Butterbrote aus. Zur Erfrischung gehörte auch ein Orangenfruchtsaftgetränk, das unter dem Namen „sunkist" bekannt wurde und sich im wohl ersten Tetrapack gar nicht so gut transportieren ließ. Denn die Verpackung hatte die Form einer Pyramide und nahm viel Platz im Rucksack ein.

Um verbrauchte Energie sofort zurückzubekommen, durfte natürlich ein Marsriegel oder Ähnliches nicht fehlen.

Miniröcke standen noch hoch im Kurs. Erst 1973 wurden für Frauen erstmals mehr Hosen als Röcke verkauft

Erste Partys

Unsere Geburtstage wurden jetzt nicht mehr als Kindergeburtstage gefeiert, sondern wir luden unsere Freundinnen zu einer Party ein. Jungen wurden aber nicht eingeladen. Mit elf oder zwölf Jahren fand man sich gegenseitig nämlich furchtbar doof. Besonders beliebt waren Garten- oder Garagenpartys. Denn dort konnten wir alles so gestalten, wie wir das gerne mochten, was im Wohnzimmer der Eltern nicht gut möglich gewesen wäre. Musik mit den neuesten Schlagern von Chris Roberts, Michael Holm oder T. Rex und Middle of the Road lief vom eigenen oder geliehenen Kassettenrekorder.

Es gab Kartoffel- und Nudelsalat mit Bockwürstchen, dazu Cola und Fanta. Und wenn wir sicher waren, dass kein großer Bruder oder die Eltern um die Ecke guckten, trauten wir uns sogar zu tanzen. Ansonsten waren wir ziemlich albern und redeten und lachten über die nicht anwesenden Jungen, die zu der Zeit fast alle einen Kopf kleiner waren als wir.

Die BRAVO – Sprachrohr der Jugend

Nachdem Oswald Kolle und „Helga" seit Anfang der sechziger Jahre erst einmal die Erwachsenen aufklärten, erfuhren wir in der Jugendzeitschrift BRAVO von „Dr. Sommer" alles, was wir schon immer über Sex wissen oder nicht wissen sollten. Mit angehaltenem Atem und roten Köpfen lasen wir alles über Petting und Verhütung, den ersten Zungenkuss einer Zwölfjährigen, über Ängste und Träume von Gleichaltrigen, die uns manchmal den Atem verschlugen.

Aber nicht nur als „Aufklärungsorgan" fanden wir die BRAVO spannend. Denn hier erfuhren wir ja schließlich auch alles über unsere Popidole, über die neueste Mode und die neuesten Filme. Unsere Kinderzimmertapete war bald nicht mehr zu erkennen, da sie von Star-Schnitt-Postern und anderen Bravo-Seiten zugekleistert war. Winnetou und Lex Barker, Chris

Jochen Pützenbacher und Helga Guitton am Mikro

Roberts oder Michael Holm, später auch David Bowie oder die Rolling Stones übernahmen den Platz von Hunde-, Pferde- oder Katzenbildern.

Allerdings gingen die Meinungen unserer Eltern zu dieser Zeitschrift weit auseinander. Während die einen sie als willkommene Ergänzung zur Aufklärung betrachteten, fand vermutlich der Großteil unserer Erziehungsberechtigten, dass sie doch wirklich zu progressiv für uns sei.

Radio Luxemburg – Vom deutschen Schlager zur internationalen Popmusik

Um uns musikalisch auf der Höhe zu halten, hörten viele von uns wohl in jeder freien Minute Radio Luxemburg. Schon morgens vor der Schule ging es los mit dem „Fröhlichen Wecker" und auch bei den Hausaufgaben haben uns die aktuellen Schlager begleitet, moderiert von Frank Elstner, Dieter Thomas Heck, Helga Guitton, Alida Gundlach oder Jochen Pützenbacher, den wir wohl alle am meisten liebten. Mittwochs gab es die BRAVO-Musicbox und sonntagmittags die Hitparade. Auch die Hörergrußlotterie und die Luxemburger Funkkantine waren beliebte Sendungen.

Und seit 1959 gehörte die Verleihung des Goldenen Löwen zu den Highlights. Peter Maffey, Percy Sledge, Gitte oder Udo Jürgens gehörten zu den Siegern.

Von Telefunken wurde sogar ein Radio gebaut, das eine eigene Radio-Luxemburg-Taste in Grün besaß. Wenn man sie drückte, stellte sich automatisch die richtige Frequenz ein. Wer ganz großes Glück hatte, machte mit einem aufgeschlossenen und fortschrittlichen Lehrer einen Klassenausflug nach Luxemburg, um dort die Villa Louvigny oder später das berühmte Studio 4 zu besichtigen und Jochen oder andere Moderatoren kennen zu lernen und sich mit ihnen nach der Besichtigung gemeinsam fotografieren zu lassen.

Winnetou und Lederstrumpf

Indianer und Cowboys waren unsere großen Vorbilder. Egal ob als Buch oder im Film, auch als Fernsehserie immer wieder

Mit „echten" Gewehren kämpften die Guten gegen die Bösen

gern gesehen und gelesen. Auch unsere Eltern wussten unsere Vorbilder mit jeweils zur Situation passenden Sprüchen erzieherisch einzusetzen. „Ein Indianer kennt keinen Schmerz" hieß es, wenn wir uns beim Fallen Schottersteine ins Knie geholt hatten, oder „Großes Indianer-Ehrenwort", wenn wieder ein Versprechen nicht eingelöst worden war und es später nachgeholt werden sollte.

Bei Jungen und Mädchen gleichermaßen beliebt waren die Winnetou-Verfilmungen mit Pierre Brice, die richtig unter die Haut gingen und die uns zeigten, wie wahre Freundschaft, wahre Männer und wahre Liebe sind. Und wenn es gar zu schmalzig oder traurig wurde, tauchte sicherlich irgendwo Sam Hawkins auf. Ganz nebenbei vermittelten uns die Filme ein völlig falsches Bild vom Indianerleben, was uns aber nicht störte. Genauso wenig interessierte es uns, dass die Berge nicht im Wilden Westen, sondern in Jugoslawien standen, wenn wir das damals überhaupt schon wussten. Als Serien im Fernsehen spielten die Cowboys eine wichtige Rolle. „Bonanza", „Rauchende Colts" zeigten uns das raue Leben im Wilden Westen und dass ein echter Mann auch mal seine Fäuste einsetzen musste, um gegen die Gesetzlosen zu gewinnen.

Fest steht, dass uns diese Filme genug Material boten, uns selber als Indianer und Cowboys im Spiel zu erproben. Dabei waren die Indianer immer die Guten und die Cowboys die Schlechten. Klar, dass man lieber in die Gruppe der Rothäute gewählt werden wollte. Als Mädchen hatte man dabei gute Chancen – wenn man überhaupt mitspielen durfte.

Für 20 Pfennig gab es die „Illustrierte Filmbühne", in der man alles über die Lieblingsfilme erfahren konnte

Woodstock

Mit dem Woodstock-Festival im August 1969 erreicht die Hippiebewegung ihren Höhepunkt. Statt der erwarteten 60 000 machen sich ca. 1 Mio. Menschen auf den Weg, von denen jedoch maximal die Hälfte das Festivalgelände erreicht. Die Love-and-Peace-Bewegung, die sich nicht nur gegen den Vietnam-Krieg, sondern gegen alle gesellschaftlichen Normen auflehnt, propagiert freie Liebe, Drogen und Rock. Zu den Musikern, die in Woodstock auftreten, gehören Jimi Hendrix, Joe Cocker, Joan Baez und The Who. Viele der Musiker fallen ihrem eigenen Lebensmotto „live fast, love hard, die young" vor allem durch Drogenmissbrauch zum Opfer und sterben Anfang der 70er Jahre, womit auch die Hippie-Bewegung ihr Ende findet. Aber der Mythos Woodstock lebt.

Please, repeat it once more

Das Thema Schule begleitet uns durch Kindheit und Jugend wie kein anderes. In den 70er Jahren entstehen aufgrund der geburtenstarken Jahrgänge überall neue Schulen, oft im Stil der Zeit als schmucklose Betonbauten, aber ausgestattet mit allem, was technisch machbar und pädagogisch sinnvoll erschien.

Besonders modern waren Sprachlabore, in denen wir jetzt Fremdsprachen, vor allem Englisch büffeln sollten. Der Unterricht sollte effektiver werden, weil alle Schüler gleichzeitig die Möglichkeit hatten, ihre Aussprache zu verbessern, aber auch Grammatik und Vokabeln zu lernen. Und während wir ins Mikrofon sprachen, hatte der Lehrer zu jeder Zeit und unerkannt die Möglichkeit zu lauschen. Dass wir uns bei einem plötzlichen „Den letzten Satz bitte noch einmal" völlig verjagten, uns ertappt fühlten und dann erst recht stotterten, scheint niemanden interessiert zu haben. Ob wir aber besser Englisch lernten, als die Generationen ohne Sprachlabor vor oder nach uns, bleibt zu klären.

Klassenfahrt, das Highlight des Schuljahres

In den weiterführenden Schulen gab es zwar immer noch Klassenausflüge, aber wir unternahmen jetzt auch schon mehrtägige Fahrten in Jugendherbergen der näheren Umgebung. Ganz oben auf der Liste der mitzubringenden Sachen standen immer Regenbekleidung – gemeint war eine gelbe Öljacke mit Namen „Ostfriesennerz" – und der Jugendherbergsschlafsack. Warum es der sein musste und ordentliche Bettwäsche verboten war, wird wohl immer ein Geheimnis bleiben.

Nach Ankunft in der DJH wurden zuerst die Betten bezogen. Dazu wurde der Schlafsack an

Lage(r)besprechung

Das „Klick-Klack" erhöhte den Geräuschpegel

Anfang der 70er Jahre kam ein Spielgerät auf den Markt, das alle unmittelbar Betroffenen zur Weißglut bringen konnte. Während man noch mit dem Jojo oder dem Diabolo seine Geschicklichkeit unter Beweis stellen und durch viel Übung die verschiedensten Figuren lernen konnte, machte das Klick-Klack einfach nur Krach. An einer etwa 30 cm langen Schnur, die in der Mitte mit einem Plastikring verknotet war, hingen an beiden Enden je eine rote und eine schwarze sehr harte Plastikkugel. Ziel des Spiels war es, die Kugeln zum Klickern zu bringen, indem man den Ring festhielt und durch leichtes Auf- und Abbewegen des Handgelenkes die Kugeln einmal unten und einmal oben aneinander stoßen ließ. Dies verursachte nicht nur einen Höllenlärm, sondern sorgte auch für viele blaue Flecken am Handgelenk. Wie so vieles, was Spaß macht, wurde auch dieses Spiel in der Schule verboten. Wer kann es den Lehrern verdenken, bei dem Geräuschpegel, der ohnehin in Schulen herrscht.

den vier Ecken mit Bändern an den Bettpfosten befestigt und eine graue, kratzige, nicht sehr vertrauenswürdig aussehende Jugendherbergsdecke über den Schlafsack gelegt und das obere Ende des Schlafsacks über die Decke geschlagen, damit unser Gesicht nicht damit in Berührung kam. Sehr wichtig war, dass der Aufdruck „Jugendherberge" vom Fußende des Bettes aus zu lesen war. Wenn alle Betten bezogen waren – bei acht bis 16 Betten pro Schlafsaal konnte das dauern –, kam der Herbergsvater, um alles zu kontrollieren.

Das Essen war äußerst einfach: Morgens gab es zu einfachem Brot Marmelade, Honig und etwas Aufschnitt mit dünnem Tee oder Muckefuck, abends dann ziemlich fad schmeckendes Essen, bei dessen Zubereitung wir helfen durften. Diese Hilfe beschränkte sich aber auf das Kartoffelschälen und das Spülen und Tischdecken.

Der pädagogische Sinn dieser Klassenfahrten in der Unterstufe lag wohl darin, die Klassengemeinschaft zu stärken und sich besser kennen zu lernen. Und bei Spielen und Ausflügen lernten wir die Lehrer ganz anders kennen, aber die uns auch.

Der Mann im Mond

Nachdem die Amerikaner ihr Raumfahrtprogramm erheblich ausgeweitet haben, scheinen sie den Wettkampf im All gegen die UdSSR zu gewinnen. Am 20. Juli 1969 betritt als erster Mensch der Astronaut Neil Armstrong den Mond. „That's one small step for man, one giant leap for mankind" waren seine historischen Worte. Überall auf der Welt wurde schon Tage vorher, aber auch noch bis zur Rückkehr auf die Erde von dem Ereignis berichtet.

Weihnachtliche Hausmusik

Weihnachten wurde musiziert

Bildung spielte in den 70ern eine immer größere Rolle. Nicht nur die Schulen öffneten sich – immer mehr Mädchen und Kinder aus Arbeiterfamilien besuchten das Gymnasium – sondern auch Sportvereine, Ballettschulen und Musikschulen erhielten immer stärker werdenden Zuspruch. Zur Standardausbildung gehörte der Blockflötenunterricht. Wer mehr Geld und Zeit investieren wollte, hatte auch die Möglichkeit, Klavier, Geige, Trompete oder Akkordeon spielen zu lernen. Die Schulen profitierten von dem Privatunterricht der Schüler, denn sie bestückten die Instrumentalkreise oder Orchester mit diesen Schülern, die dann vorwiegend zu Weihnachtsfeiern oder Abiturfeiern zum Einsatz kamen.

Auch zu Hause wurde vor allem in der Adventszeit und zu Weihnachten gezeigt, was man gelernt hatte. Bei den meisten von uns erlosch das Interesse am Musizieren aber im Alter von 13 oder 14 wieder. Wir hörten jetzt andere Musik und nur die Gitarre konnte uns noch reizen, um Lieder von Bob Dylan oder Joan Baez zu begleiten.

Trimm dich – durch Sport

Schon lange bevor Aerobic in den 80er Jahren nach Deutschland kam, brach Anfang der 70er Jahre der erste große Gesundheits- und Fitnessboom aus. Gesundheits- und Körperbewusstsein spielten eine immer größere Rolle in unserem Leben. Wir achteten auf gesunde Ernährung und – die Models der späten 60er und 70er Jahre vor Augen – auch immer mehr auf unsere Figur. 1970 wurde dann die Trimm-Dich-Aktion des Deutschen Sportbundes ins Leben gerufen. Turnen in der Natur war das Motto und überall in den Wäldern entstanden Trimm-Dich-Pfade. Nach der Arbeit oder nach der Schule hielt man sich fit durch verschiedene Übungen, die an den unterschiedlichen Stationen erklärt waren. In den ersten Jahren fand die Aktion so regen Zulauf, dass man schon mal warten musste, bis die anderen Aktiven ihr Soll absolviert hatten. Leider sind die Pfade aus der Mode und in die Jahre gekommen und viele Geräte zerstört, die hellblauen Hinweisschilder ganz verblasst. Für uns Kinder wurde der lang verhasste Sonntagsspaziergang wieder attraktiv. Denn jetzt konnten wir unsere sportlichen Aktivitäten mit dem Wunsch unserer Eltern nach Ruhe und Natur gut in Einklang bringen. Und so mancher Vater ließ sich dazu hinreißen, sich im sportlichen Wettkampf mit uns messen zu wollen.

Trimmy, das Maskottchen der Trimm-Dich-Aktion, machte Reklame für den Breitensport

Glücklich strahlende Schülerinnen nach erfolgreichem Leichtathletikwettkampf

Unser Leben im Verein

Angeregt durch Trimmy sind viele von uns Mitglied in einem Sportverein geworden. Besonders beliebt waren die Fußball-, Schwimm- und Leichtathletikvereine. Man traf sich nachmittags zwei- bis dreimal in der Woche zum Training. Dort hatten wir dann auch Gelegenheit, Kinder aus anderen Klassen oder Schulen kennen zu lernen.

Besonders aufregend ging es zu, wenn ein Wettkampf vorbereitet wurde. Meistens durften alle Kinder mitfahren, aber manchmal wurde auch eine Auswahl getroffen und es war hart, wenn man zu Hause bleiben musste. An den Wettkampftagen – meistens am Wochenende – stand man dann morgens ganz früh an der Straßenecke und wartete darauf, dass man von dem Vater eines anderen Kindes „eingesammelt" wurde und im vollbesetzten Auto ging es dann in die Stadt, in der der Wettkampf stattfand. Mit einem flauen Gefühl im Bauch wartete man geduldig auf seinen Einsatz und war immer enttäuscht, wenn doch jemand besser als man selbst war.

Licht aus! Spot an!

Jeden Samstag um 18.00 Uhr, später erst um 19.30 Uhr, wurden die Zuschauer im ZDF mit immer dem gleichen Spruch begrüßt: „Hallo Freunde!" wurde beantwortet mit „Hallo Ilja!" In 133 Sendungen von 1971–1982 präsentierte er Schlager, Rock und Pop, darunter schon viele Oldies, die immer mit seinem zweiten Spruch „Licht aus! Spot an!" angekündigt wurden. Gerade die bunte Mischung des Musikprogramms, aufgepeppt mit Witzen und Sketchen, machte diese Sendung bei uns so beliebt, dass sie schon schnell Kultstatus erreichte.

Und heute gibt es Wiederholungen: als Kultnacht, ausgestrahlt vom ZDF und von 3sat. Schon seit 1965 brachte Radio Bremen mit dem Beat-Club eine Sendung mit Kultcharakter. Hier spielten die meisten Gruppen live. Die bekannteste Moderatorin des Beat-Clubs war Uschi Nerke. Die erste Sendung wurde von dem späteren Tagesschau-Sprecher Wilhelm Wieben mit folgenden Worten angekündigt: „Guten Tag, liebe Beat-Freunde. Nun ist es endlich soweit. In wenigen Sekunden beginnt die erste Show im Deutschen Fernsehen, die

Ilja Richter

nur für Euch gemacht ist. Sie aber, meine Damen und Herren, die Sie Beat-Musik nicht mögen, bitten wir um Ihr Verständnis. Es ist eine Live-Sendung von jungen Leuten für junge Leute. Und nun gehts los!"

„... als Conny Cramer starb"

Wir wuchsen zwar im Zeitalter der Hippie-Bewegung auf, profitierten aber erst später von den neu erkämpften Freiheiten. Durch das Musical „Hair" bekamen wir zwar eine Vorstellung vom Leben der Hippies oder Gammler, wie sie in Deutschland genannt wurden. Aber unter Drogen- und Alkoholexzessen konnten wir uns gar nichts vorstellen. (Und als wir endlich alt genug waren, war die Hippie-Zeit auch schon vorbei.)

Deshalb waren wir auch über Juliane Werdings Lied „Am Tag, als Conny Cramer starb" so schockiert. Denn dieses Lied, das über eine Million mal verkauft wurde und ständig im Radio lief, machte uns ganz klar, dass nicht nur einige unserer Popidole, sondern auch jeder von uns in die Drogenszene abrutschen konnte.

Wer wird denn gleich in die Luft gehen?

Vor allem durch die Werbeblocks im Vorabendprogramm des Fernsehens, aber auch im Kino wird der Werbung ein immer größerer Raum zugesprochen. 20 Minuten wurden der Werbezeit in ARD und ZDF eingeräumt. Und im Gegensatz zu heute nervte uns die Werbung nicht, sondern war eine nette Abwechslung. Wir kannten die Melodien und die Sprüche genauso wie die dazugehörigen Figuren. Und jeden Abend wurde 1:0 gespielt. Alle Familienmitglieder, zumindest aber die Kinder, versammelten sich zur Werbung vor dem Fernseher. Wer als schnellster die nächste Werbung erriet, bekam einen Punkt. Und wer die meisten Punkte ergatterte, war der Tagessieger.

Noch heute sind uns die Geschichten des HB-Männchens Bruno im Kopf, dem immer erst alles gelang, wenn er vom Engelchen eine HB angesteckt bekam. Aber auch Klementine und der Bär der Bärenmarke bleiben unvergessen. Damals setzten die Werbestrategen ganz deutlich auf den Wiedererkennungswert, wobei heute immer mehr der Überraschungseffekt zählt.

Die typische HB-Reklame: Brunos Pech löst sich in Rauch auf

Die XX. Olympischen Sommerspiele in München

Zum ersten Mal in unserem Leben können wir olympische Spiele bewusst miterleben. Da sie im eigenen Land stattfinden, können wir die meisten Entscheidungen live am Fernsehen verfolgen – ohne Zeitverschiebung und nächtliche Übertragungen, wie noch in Mexiko.

Als die Spiele am 26. August eröffnet werden, sitzt die ganze Nation vor den Fernsehapparaten und ist begeistert von der bunten Perfektion des Eröffnungsprogramms. Die Spiele bleiben Gesprächsstoff Nr. 1. Es sollten heitere Spiel werden und wir waren gespannt auf die vielen Rekorde, die von den Spitzensportlern erwartet wurden. Und weltweit verfolgten noch niemals so viele Fernsehzuschauer den Verlauf der Wettkämpfe. Auch wir verbrachten jede freie Minute vor den Fernsehgeräten, als ein grausamer Terroranschlag die Welt in Schrecken versetzte. Obwohl seit Ende der 60er Jahre auch in Deutschland der Terrorismus zu einer echten Bedrohung geworden war, hatte niemand mit so brutaler Gewalt gegen Teilnehmer der Olympischen Spiele gerechnet.

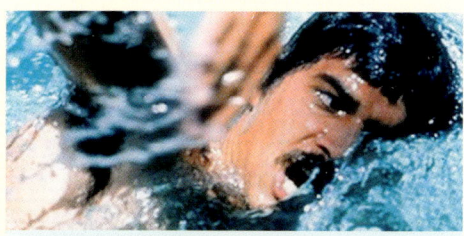

Mark Spitz und Ulrike Meyfarth – Die Superstars der Olympischen Spiele

Der absolute Star der Olympischen Spiele in München war der amerikanische Schwimmer Mark Spitz. Mit sieben Goldmedaillen, davon vier im Einzelschwimmen in den Disziplinen Kraul und Delphin, schwimmt er sich in die Herzen der Zuschauer. Schon 1968 hatte er zwei goldene und je eine silberne und bronzene Medaille gewonnen und wurde so einer der erfolgreichsten Teilnehmer aller Olympischen Spiele.

Die erst 16-jährige deutsche Hochspringerin Ulrike Meyfarth überraschte alle mit dem Gewinn der Goldmedaille. Eigentlich nur angereist, um Erfahrung zu sammeln, nahm sie jede Höhe im ersten Versuch und beendete die Konkurrenz mit einem neuen Weltrekord.

„The Games must go on!"

Die Olympischen Spiele in München werden am 5. September durch einen Terroranschlag überschattet, den palästinensische Terroristen im olympischen Dorf auf die israelische Mannschaft verüben. Elf israelische Sportler sterben. Zwei schon während des Überfalls, die anderen neun beim Befreiungsversuch auf dem Flughafen Fürstenfeldbruck.

Das IOC berät sich und beschließt, die Spiele fortzusetzen und sich damit nicht dem Diktat des Terrors zu beugen.

1973–1977
Vom Discofieber und vom Erwachsenwerden

Das 15. bis 18. Lebensjahr

Endlich erwachsen – glaubten wir

Mit vierzehn, das war uns allen klar, ging das Leben erst so richtig los. Jetzt musste uns keiner mehr sagen, was richtig oder gut für uns war, jetzt wollten wir endlich selber unser Bestes für uns. Aber die Sprüche unserer Erziehungsberechtigten hörten trotzdem nicht auf.

Jetzt hieß es nicht mehr „Das geschieht doch nur zu deinem Besten", sondern „Du wirst schon sehen, was du davon hast" oder „Wer seine Rechte so genau kennt, sollte sich auch an seine Pflichten erinnern". Wir übten also Selbstbestimmung, aber immer noch mit der Rückendeck(el)ung unserer Eltern.

Die Fußgängerzonen der 70er Jahre

Typisch für das Erscheinungsbild der Innenstädte wurde in den 70er Jahren die Fußgängerzone. Die autogerechten Städte der 60er wurden durch immer höheres PKW- Aufkommen zunehmend lauter und immer mehr Menschen klagten über schlechte und von Autoabgasen verpestete Luft.

Als gute Lösung erschien den Stadtplanern das Errichten von Fußgängerzonen mit Erlebnischarakter. Straßencafés wurden eröffnet, Eisdielen und Kneipen stellten ebenfalls Stühle auf die völlig neu gepflasterten Bereiche der nun beruhigten und begrünten Zonen.

Chronik

27. Januar 1973
In Paris wird der Vietnamkrieg durch einen Waffenstillstandsvertrag beendet. Bei dem längsten Krieg des 20. Jahrhunderts starben 1,45 Millionen Menschen.

1. Juni 1973
Ende der Demokratie in Griechenland. Ministerpräsident Papadopoulos proklamiert die Republik Griechenland.

18. September 1973
Die Bundesrepublik Deutschland und die DDR werden Mitgliedsstaaten der Vereinten Nationen.

7. Februar 1974
Grenada erhält die volle Unabhängigkeit von Großbritannien.

16. Mai 1974
Helmut Schmidt wird zum neuen Bundeskanzler gewählt. Zehn Tage vorher war Willy Brand auf Grund der Guillaume-Affäre von seinem Amt als Bundeskanzler zurückgetreten.

1. Januar 1975
In Deutschland wird das Erreichen der Volljährigkeit, das heißt der vollen Geschäftsfähigkeit, von 21 auf 18 Jahre herabgesenkt.

21. Mai 1975
Unter stärksten Sicherheitsvorkehrungen beginnt in Stuttgart der Prozess gegen die Baader-Meinhof-Bande

15. Februar 1976
Bei den Olympischen Winterspielen in Innsbruck gewinnt die deutsche Rosi Mittermeier zwei Gold- und eine Silbermedaille im alpinen Skisport.

9. September 1976
Der Gründer der Volksrepublik China, Mao Tse-tung, stirbt im Alter von 82 Jahren. Vermutlich starb er an den Folgen der Parkinsonschen Krankheit.

16. August 1977
Der „King of Rock 'n' Roll", Elvis Presley, stirbt in Memphis im Alter von nur 42 Jahren an Herzversagen.

Typisches Erscheinungsbild der Innenstädte: Die Fußgängerzone

Für die Kinder wurden Spielgeräte aufgestellt und der Einkaufsbummel bekam einen ganz anderen Stellenwert und wurde zum Bestandteil unserer Freizeitgestaltung. Zwischen den großen Kaufhäusern reihten sich viele kleine Boutiquen aneinander und immer mehr Handelsketten ließen sich nieder.

Eine weitere Neuerung in dieser Zeit waren die Pommesbuden, die überall wie Pilze aus dem Boden schossen. Denn auch unser Essverhalten hatte sich verändert. Schon lange vor McDonalds gingen wir, dabei nicht an feste Zeiten gebunden, in die Bude nebenan oder in die Stadt, um Pommes rot/weiß oder Pommes/Currywurst zu essen. Denn die Bevölkerung verfügte über immer mehr Geld und somit musste auch beim Essen nicht mehr gespart werden.

Bummeln durch Boutiquen

Auch uns Jugendlichen stand immer mehr Geld zur Verfügung, so dass wir für den Markt eine interessante Käuferschicht darstellten. Immer mehr Boutiquen mit Kleidung für den kleinen Geldbeutel wurden eröffnet. Auch in den Kaufhäusern entstanden kleine Bereiche, in denen „Junge Mode" verkauft wurde.

Dieses Angebot nutzten wir natürlich aus. Wir gingen jetzt ohne unsere Mütter einkaufen und konnten frei und nach eigenem Geschmack kaufen, was uns gefiel. Was dann beim Präsentieren zu Hause schon mal mindestens zu Stirnrunzeln oder Bauchschmerzen bei den Eltern führte. Denn die Liberalisierung der Gesellschaft machte auch vor der Mode nicht Halt. Modern war, was gefiel.

Fransenboots und hautenge Jeans oder Cordhosen, dazu Lammfelljacken oder Maximäntel wurden von Schlaghosen, die nur noch bis zur Hüfte reichten, abgelöst. Neben dem Minirock trugen wir aber auch die neuen Midi- oder Maxilängen.

Geprägt wurde unser Geschmack vor allem durch unsere Idole. Kamen die eher aus der Folk- oder Hippiebewegung, bevorzugten wir den romantischen Stil, der vor allem von indischen Mustern geprägt war. Aber auch die Jeans in allen Variationen mit Applikationen oder Fransen, schlicht oder im Edellook, gehörten zum Standard.

Und wer erinnert sich nicht an die Berkemann-Clogs, die vor allem auf den Fluren in den Schulen fast so einen Lärm machten wie das verbotene Klick-Klack.

Alles Roger, oder was?

In den 70ern wurden die meisten James Bond-Filme mit Roger Moore gedreht. Nach „Leben und sterben lassen" 1973 folgten „Der Mann mit dem goldenen Colt" 1974, „Der Spion der mich liebte" 1977 und „Moonraker" 1979.

Konfirmation

Nach zwei anstrengenden Jahren Vorbereitung war es endlich so weit, dass die evangelischen Jugendlichen zur Konfirmation gehen durften. Einmal wöchentlich traf man sich, um vor allem über Bibeltexte und ihre Bedeutung zu sprechen. Außerdem musste jede Menge Text auswendig gelernt werden. Der wurde regelmäßig abgefragt. Wer nicht ordentlich lernte, durfte nicht mit zur Konfirmation gehen. So wurde zumindest gedroht. Auch die regelmäßige Teilnahme am Sonntagsgottesdienst war Pflicht und wurde überprüft.

Unser Jahrgang ging dann 1972 bzw. 1973 (siehe Kurzschuljahre) an einem Sonntag im April zur Konfirmation. Nach dem Gottesdienst trafen sich die Familie und die Verwandtschaft zum Mittagessen. Die meisten von uns durften zu diesem Anlass wohl zum ersten Mal alkoholische Getränke probieren. Die Geschenke wurden ausgepackt – besonders beliebt waren

Modevorschau 1974 in der BRAVO

Konfirmation 1972. Die Mädchen trugen weiße oder schwarze Kleider, bei den Jungen waren weiße Rollkragenpullis modern

Automatikarmbanduhren und Kassettenrekorder – und die Geldscheine gezählt. Das war ganz wichtig, damit man am anderen Morgen in der Schule angeben konnte, wie spendabel und großzügig die Verwandtschaft gewesen war.

Das erste Mofa

Der Traum eines eigenen Mofas beherrschte viele von uns. Denn für ein Mofa brauchte man keinen Führerschein, es war nicht so teuer wie ein Moped und wir waren endlich unabhängig und konnten weitere Strecken fahren, ohne den Vater bitten zu müssen, uns mit dem Auto zu bringen. Wichtig war die Marke. Kreidler, Herkules oder Puch machten das Rennen, und die Entscheidung fiel schwer, denn wir kauften ja unser erstes motorisiertes Statussymbol.

Wer mutig war und sich auskannte, „frisierte" sein Mofa so, dass es mindestens 40–50 km/h schnell war – bei manchen ging es noch etwas schneller – statt der erlaubten 25 km/h. Und das alles ohne Helm. Bei heimlichen Rennen auf wenig befahrenen Straßen oder im Wald wurde dann ermittelt, wer seine „Maschine" am besten getunt hatte.

Wer mehr Geld hatte, kaufte sich ein Moped, musste dann allerdings warten, bis er 16 Jahre alt wurde, denn dafür benötigte man den Führerschein der Klasse 4 oder 5. Das Moped hatte aber den deutlichen Vorteil, dass man seine Freundin mitnehmen konnte, was die Chancen bei der Partnerwahl um einiges erhöhten.

Traum der Unabhängigkeit: Ein Mofa

Trotz knalliger Tapete durften unsere Idole an der Wand nicht fehlen

Sitzsack und Flokati

In den 70er Jahren veränderte sich der Stil der Wohnungseinrichtungen grundlegend. Versuchte man noch in den 60ern der Funktionalität und unpersönlichen Kastenbauweise durch Einrichtungen im „Gelsenkirchener Barock" eine gemütliche, persönliche Note zu geben, wurde jetzt die sachliche Bauweise auch für die moderne Wohnung übernommen. Plastikstühle und -tische und Regalsysteme lagen im Trend. Und die Polstergarnitur nannte man jetzt Sitzlandschaft. Große geometrische Formen zierten Wände und Fenster, aufgelockert durch Fototapeten mit orangeroten Sonnenuntergängen, grünen Wäldern oder Palmen am karibischen Strand.

Endlich wurden auch unsere Kinderzimmer aufgepeppt. Arbeiten, wohnen und schlafen konnte man in den oft nicht mehr als acht Quadratmeter großen Zimmern wunderbar, wenn man so ein Jugendzimmer von der Stange kaufte, die sich eigentlich nur durch die Farbe unterschieden. Und weil alles so funktional und praktisch angeordnet war, blieb sogar noch Platz für den obligatorischen Flokati und für einen Sitzsack aus Kunstleder. Nur die Gestaltung der Wände sah dann doch bei jedem anders aus, je nachdem, ob man Sport-, Rock- oder Popfan war.

Fußball ist unser Leben

Eine Domäne der Jungen blieb lange Zeit der Fußball. Mädchen hatten lediglich eine Chance beim Straßenfußball mitzuspielen, meistens jedoch nur, wenn nicht genügend Jungen zusammengekommen waren. Und in ganz seltenen Fällen, wenn man wirklich gut war.

Angespornt durch den Gewinn der Europameisterschaft in England 1972 und der Weltmeisterschaft 1974, wollten immer mehr kleine „Gerd Müllers" Fußball spielen und träumten von einer Kicker-Karriere. Obwohl man damals bei weitem nicht so viel Geld verdienen konnte wie heute. Aber damals kämpfte man noch für Ruhm und Ehre. Und viele Talente, die später in der Bundesliga zu sehen waren, fingen als Minikicker in kleinen Vereinen an zu spielen. Spannend wurde es immer, wenn aus den großen Vereinen eine Sichtungskommission kam, um neue Talente zu suchen. Dann gab man sein Bestes.

Gerd Müller schoss in der 43. Minute den Siegtreffer

Weltmeister 1974

Zum zweiten Mal wird die deutsche Fußballnationalmannschaft Weltmeister. Am 7. Juli gewinnen die Deutschen um Kapitän Franz Beckenbauer im Münchener Olympiastadion gegen die Niederlande mit 2:1 Toren. Nach einer schwachen Vorrunde (das kennt man ja) der Deutschen galten die Niederlande als klare Favoriten und gingen schon in der zweiten Spielminute durch einen Fouelfmeter in Führung. Aber durch Glück und Kampfstärke konnten die Deutschen das Spiel dann doch für sich entscheiden.

Vorschritt cha-cha-cha, Rückschritt cha-cha-cha

Seit Jahren tanzte man Freestyle und ließ sich von beschwingten Beat- und Poprhythmen treiben, und trotzdem glaubten vor allem die Mädchen, sie müssten unbedingt einen Tanzkursus besuchen. Viele der Jungen waren da ganz anderer Ansicht. Trotz guten Zuredens der Eltern, „Junge, dann lernst du endlich, wie du dich zu benehmen hast", ließen sich nur wenige zu einem Tanzkursus überreden.

In den Tanzschulen ging es nicht mehr so steif zu wie noch in den 60er Jahren. Wir saßen nicht getrennt an den Tischen, sondern in Cliquen zusammen. Auch die Kleiderordnung war eher großzügig. Jeans waren kein Problem, aber Turnschuhe wurden immer noch nicht gerne gesehen. Neben den Standard-Tänzen lernten wir vor allem Rock 'n' Roll und Foxtrott. Diese beiden Tänze ließen sich auch gut auf ganz normalen Feten gebrauchen und wir Mädchen brachten sie den Jungen problemlos ohne Tanzlehrer bei.

Gemeinsam sind wir stark

In unserer Freizeit tauchten wir nur noch selten alleine irgendwo auf. Wir hatten uns in Cliquen zusammengeschlossen und man erkannte uns an unserer „Einheitskleidung", bestehend aus Adidas-Turnschuhen, echten Jeans (bloß keine Jingler von C&A), an Bundeswehrparka oder Jeansjacke. Geraucht wurde Camel oder wir drehten uns die Zigaretten selbst, wobei es schon eine Weltanschauung war, ob man die blauen oder die gelben Gizeh-Blättchen um Drum- oder Samson-Tabak drehte. Abends trafen wir uns an Plätzen, zu denen die Erwachsenen keinen Zugang hatten und tranken Lambrusco, Dosenbier, Persico oder Apfelkorn. Gemeinsam fühlten wir uns stark und lehnten uns mächtig gegen unser bürgerliches Elternhaus auf. Wir gingen nachts und nackt im Freibad schwimmen – irgend jemand vor uns hatte schon ein Loch in den Zaun geschnitten – und die laute Musik auf Feten musste oft von der Polizei reguliert werden. Zum Schrecken unserer Nachbarn nutzten wir jede Gelegenheit,

Wie viel verträgt eine Hollywood-Schaukel?

wenn unsere Eltern nicht zu Hause waren, um unsere Freunde einzuladen und zu feiern. Es sprach sich immer wie ein Lauffeuer herum, wenn jemand „sturmfrei" hatte, auch ohne ICQ oder Handy. Und der Ärger war immer groß, wenn so eine Fete im Nachhinein entdeckt wurde, weil der Vater unter dem Nachttisch eine leere Flasche Schnaps fand oder etwas kaputt ging, was nicht so ohne weiteres zu ersetzen war.

einer Prilblume wegretuschiert werden. Auch unsere Schulhefte oder Ringbücher erfuhren eine optische Aufbesserung und mit den fröhlichen Prilblumen machte das Lernen doch gleich viel mehr Spaß. Probleme stellten sich erst ein, wenn man sie wieder loswerden wollte. Sie klebten nämlich recht hartnäckig, waren aber oft nach mehrmaligem Putzen mit Ata gar nicht mehr so schön anzusehen. Da half oft nur ein Messer.

Hol dir die fröhlichen Prilblumen

Egal, wo man hinschaute, überall klebten die Prilblumen. Auf jeder Flasche Pril, die man kaufte, klebten drei verschiedenfarbige Blumen, die man abziehen konnte, um damit irgendetwas zu verschönern.

Gedacht waren sie eigentlich, um die eher tristen Küchenfliesen oder -schränke aufzupeppen. Aber auch an Badezimmerkacheln, Jugendzimmermöbeln oder Spiegeln machten sie sich gut. Und wenn man am Auto einen Rostflecken entdeckte, konnte der mit

Sie fehlten in keinem Haushalt

Glanz und Glitter auf der Disco-Bühne

Von der Schlagerparade zur Hitparade

Unser Musikgeschmack änderte sich zusehends. Deutsche Schlager, David Cassidy oder Middle of the Road wichen Rod Stewart, David Bowie, Santana oder Genesis. Wir hörten mehr und mehr die englische Hitparade auf BFBS oder guckten „Musikladen", die Nachfolgesendung vom „Beat-Club" von Radio Bremen. Die erste Sendung des „Musikladens" ging schon 1972 auf Sendung, wieder mit Uschi Nerke und Manfred Sexauer, die ja auch schon den „Beat-Club" moderiert hatten und wieder war es eine Live-Sendung. Zu den häufigsten Gästen zählten Showaddywaddy, ABBA, Boney M. und Insterburg & Co, die schon fast zum Stammpersonal zählten. Auch Ilja Richters Disco im ZDF blieb weiter aktuell, nur die „Hitparade" mit Dieter Thomas Heck sahen wir uns nicht mehr an oder gaben dies nur nicht mehr zu.

Auf der Liste unserer Weihnachts- oder Geburtstagswünsche standen jetzt Tonbandgerät oder Kassettenrekorder ganz oben, damit wir die aktuelle Lieblingsmusik aufnehmen und dann zu jeder Zeit hören konnten.

Im Disco-Fieber

„Saturday Night Fever" mit John Travolta war das Ereignis des Jahres 1977. Wir strömten in die Kinos, um uns von den heißen Rhythmen der Bee Gees und den sensationellen Tanzeinlagen von John Travolta in die Welt der Discos entführen zu lassen.

Denn echte Discos, in denen wir selber tanzen konnten, waren noch Mangelware. In den Großstädten hatte man zwar eine gute Auswahl, aber wohnte man in einer Kleinstadt oder gar auf dem Land, musste man schon weite Wege zurücklegen. Da war es gut, wenn man Leute kannte, die schon einen Führerschein und vor allem ein Auto zur Verfügung hatten. Oft war man länger als eine Stunde unterwegs, um zur nächsten Disco zu kommen, was dann für Ärger sorgte, wenn man erst am frühen Morgen wieder daheim war.

Idol für Disco-Freaks: John Travolta

ABBA

Exportschlager aus Schweden: 1974 gewann die Gruppe ABBA mit dem Lied „Waterloo" den Grand Prix d'Eurovision de la Chancon. Von da an spielten sich Agnetha, Benny, Frida und Björn mit einem Lied nach dem anderen in die internationalen Hitparaden. Auch zur Hochzeit des schwedischen Königs Carl Gustav und der deutschen Silvia Sommerlath durfte die Gruppe auftreten. Ob sie wohl „Dancing Queen" spielten?

Ein Disco-Besuch war immer ein Highlight, denn für regelmäßige Discoabende hatten die meisten von uns kein Geld

Feten-Feeling

Etwas anderes waren die privaten Feten. Je nach Elternhaus feierte man im Partykeller, im Garten oder im Wohnzimmer (das war aber immer eine heikle Angelegenheit). Manche hatten auch ein Wochenendhaus, wohin wir dann gleich mit Luftmatratze und Schlafsack anreisten. Die Vorbereitungen für so einen Fetenabend nahmen schon einige Zeit in Anspruch. Bei den Jungen war vor allem lässige Kleidung wichtig. Egal, ob Opas altes Hemd ohne Kragen oder einfache T-Shirts, zu einer alten, verwaschenen Levis ging alles. Es durfte nur nicht so aussehen, als ob man sich Mühe gegeben hätte. Wir Mädchen hatten keine Probleme damit, unsere Mühe später auch zur Schau zu stellen.

Sehr zum Ärger unserer Mütter zogen wir eine Bluse nach der anderen aus dem Schrank, probierten sie zu allen zur Verfügung stehenden Hosen oder auch Röcken und notfalls musste ein Teil auch noch schnell mit der Hand gewaschen und anschließend trockengeföhnt werden. Zunächst zaghaft, später aber schon selbstbewusster, benutzten wir Kajal, bunten Lidschatten, Wimperntusche und Lipgloss. Und bei ganz wichtigen Anlässen wurde auch mal vom Chanel N° 5 der Mutter stibitzt. Auf den Feten wurden die Freundinnen argwöhnisch begutachtet. Konnten wir mit anderen mithalten oder waren alle schöner als man selbst, weil gerade wieder passend ein Pickel auf dem Kinn erblüht war? Erst der zweite Blick traf dann auf die anwesenden Jungen. Allerdings fanden die es besonders cool, als Letzter oder Vorletzter zu erscheinen, und das Mofa oder das Moped, mit dem man anrauschte, mit lautem Getöse zu stoppen, um für die gebührende Aufmerksamkeit zu sorgen.

Party-Laune

Den Weg zum Klo fanden Mädchen übrigens nie alleine. Mindestens zu zweit, es durften aber auch mehr sein, zogen sie gemeinsam los, natürlich auch, um sich den neuesten Klatsch zu erzählen und zu diskutieren, welcher Junge der süßeste war. Aber das scheint den Frauen in den Genen zu liegen. Generationen vor und nach uns ging es ganz genauso.

schriften zu Wort kam, wurde die Zeitung von Frauen für Frauen ein echter Erfolg auf dem Weg der Emanzipation.

Wir selber bekamen die Diskussion um Selbstbestimmung und Selbstverwirklichung zwar mit, waren aber direkt nicht daran beteiligt. Aber wir waren wohl die Ersten, die von der Frauenbewegung profitierten. Wir mussten nicht um Verhütung diskutieren, sondern nahmen einfach die Pille. Und niemand außer der katholischen Kirche erwartete von uns, mit dem Beischlaf bis zur Hochzeit zu warten.

Bildung wurde zunehmend als Wert an sich erkannt und immer mehr Mädchen hatten jetzt die Möglichkeit, das Gymnasium selbstverständlich zu besuchen und dank Bafög auch zu studieren. So stand die akademische Laufbahn immer mehr Mädchen aus allen sozialen Schichten offen.

Emma – Die Zeitschrift von Frauen für Frauen

Mitte der 70er Jahre erreichte die Frauenbewegung in Deutschland ihren Höhepunkt. Der sexuellen Selbstbestimmung der Frau, die durch die Pille möglich geworden war, sollte nun die absolute Gleichstellung von Mann und Frau in Familie und Beruf folgen. Bedenkt man, dass Frauen noch bis 1957 die Pflicht hatten, den Haushalt zu führen, war das jetzt auch an der Zeit. 1975 proklamierte die UNO das Jahr der Frau weltweit. In Deutschland gab es plötzlich Frauenverlage, Frauentheater, Frauenkneipen und seit 1976 die linke Frauenzeitschrift Courage, seit 1977 dann „Emma". Dank Alice Schwarzer, die in Talkshows auftrat und auch in anderen Zeit-

Die erste Frauenzeitschrift in Deutschland kam aus Berlin

Mit einer Rose zum Abschied wurden die Schülerinnen einer Mädchenrealschule entlassen

Unterwegs in Sachen Bildung

Schüleraustausche mit anderen Schulen gab es zwar schon, spielten aber noch längst nicht so eine große Rolle wie heute. Wer Englisch lernen wollte, hatte aber die Möglichkeit, in den Sommerferien an Sprachprogrammen teilzunehmen, die von speziellen Anbietern zusammengestellt wurden. Die meisten von uns fuhren in diesem Rahmen nach England, wo sie in Bournemouth, Poole oder anderen Südküstenstädten für drei Wochen in Familien untergebracht wurden und vormittags an einem speziellen Sprachunterricht in den Schulen teilnahmen. Englisch lernten wir aber wohl eher in den Gastfamilien. Auch von England sahen wir einiges. So gehörten Ausflüge nach London oder Stonehenge zum Programm. Das Essen war sehr gewöhnungsbedürftig. Schon beim Frühstück wählten wir lieber „only toast and marmelade" und wo die besten Pommesbuden standen, wussten wir auch schnell. An Fish and Chips konnte man sich gewöhnen, „but no vinegar, please".

Endlich der letzte Schultag

Für die Haupt- und Realschüler begann der Ernst des Lebens mit dem Schulabschluss nach der neunten bzw. zehnten Klasse. In der letzten Schulklasse wurde dann die obligatorische Klassenfahrt gemacht, die in vielen Fällen nach Berlin führte.

In dieser Woche besuchte man Checkpoint Charly und fuhr für einen Tag über die Grenze nach Ostberlin. Am Grenzübergang Friedrichstraße warteten wir ängstlich darauf, dass mit unseren Pässen auch alles in Ordnung war und guckten den DDR-Beamten respektvoll in die Augen. Und selbst die größten Rüpel wurden sehr still.

Aber auch unser erster Besuch einer Großstadt-Diso stand auf dem Programm. Von halb zehn bis elf durften wir auf der gähnend leeren Tanzfläche tanzen, was uns natürlich viel zu peinlich war, und dann ging es zurück ins Hotel.

Mit Glück und dem richtigen Termin bekam man Konzertkarten für eine der vielen Bands, die alle gerne in Berlin Station machten. So spielten in der Saison 1974/1975 Insterburg

& Co ihr Programm „Instrumentenschlacht". Den Abschluss der Schullaufbahn bildete die feierliche Zeugnisübergabe in der Aula der Schule. Im besten Dress nahmen wir die Zeugnisse und lobende und mahnende Worte des Schulleiters in Empfang und starteten voller Zuversicht in die Zukunft.

Auf ins Berufsleben

Schon lange vor dem Ende unserer Schulzeit kümmerten wir uns um eine geeignete Lehrstelle. Das Lehrstellenangebot war zu dieser Zeit noch so groß, dass es reichte, eine Handvoll Bewerbungen zu schreiben. Bei der Berufswahl folgten die meisten von uns noch dem typischen Rollendenken. Mädchen wählten einen der typischen Frauenberufe aus dem gewerblich-kaufmännischen oder sozialen Bereich wie Erzieherin, Verkäuferin, Friseurin oder Reno-Gehilfin, wohingegen die Jungen alle Klempner oder KFZ-Mechaniker werden wollten.

Dabei gab es Mitte der 70er Jahre schon Bestrebungen seitens der Arbeitsministerien der Länder, Mädchen für gewerblich-technische Berufe zu interessieren. In Broschüren, die in Schulen verteilt wurden oder beim Arbeitsamt auslagen, konnte man sich informieren.

Obwohl das Lehrlingsgehalt nicht sehr üppig war, kamen wir uns nach Auszahlung des ersten Lohns schon ganz reich vor. Zu Hause mussten wir jetzt Kostgeld bezahlen, aber trotzdem blieb uns so viel Geld übrig, dass wir auf lang gehegte Wünsche sparen konnten. Sogar einen eigenen Urlaub konnten wir jetzt finanzieren.

Auch Mädchen sollten jetzt technische Berufe erlernen

Mechanikerin (Zweirad-, Nähmaschinen- und Kältemechanikerin)

Eine Lehrstelle als Bürogehilfin wollte Inge nicht, sie wollte Mechanikerin werden. Heute, im zweiten Lehrjahr, hat sie bessere Kenntnisse über Arten und Typen von Motorrädern als ihr Freund Peter.

Der Mechaniker ist heute meist auf bestimmte Arbeitsbereiche spezialisiert. Dazu gehören Haushalts- und Industrienähmaschinen, Zweiräder sowie Kältemaschinen.

Inge will sich während ihrer 3½-jährigen Ausbildung zur Zweiradmechanikerin spezialisieren. Sie lernt alle Zweiräder, auch Mopeds, Motorroller und Motorräder zu warten, pflegen, überholen und reparieren. Sie lernt die notwendigen Inspektionen durchzuführen und die gesamte Fahrzeugtechnik einschließlich des Motors zu beherrschen.

Nach der Lehre kann Inge ebenso im Verkauf und als Kundenberaterin wie in der Werkstatt arbeiten.

Pleuellager auf übermäßiges Spiel prüfen

Werkzeugschrank einer Mechanikerin

Ein unmögliches Möbelhaus

1974 eröffnete in München das erste IKEA-Möbelhaus in Deutschland. Das Konzept, Möbel zum Mitnehmen und für jeden erschwinglich mit ausgefallenem schwedischen Design zu vermarkten, war so bestechend, dass es inzwischen über 200 Häuser in 30 Ländern gibt. Zu Anfang gingen vorwiegend junge Leute mit schmalem Geldbeutel zu IKEA. Doch ziemlich schnell erreichte der Laden Kult-Status und heute kaufen dort Menschen aus allen Bevölkerungsschichten jeden Alters Möbel und vor allem viele Kleinigkeiten, die schön aussehen, die aber eigentlich keiner braucht. Aber immer noch zählen Möbel wie Ivar, Billy oder Tore zum Standardprogramm.

Für alle, die es immer schon wissen wollten: die Buchstaben I K E A stehen für den Firmengründer Ingvar Kamprad, der auf dem Hof Elmtaryd in dem Dorf Agunnaryd aufgewachsen ist.

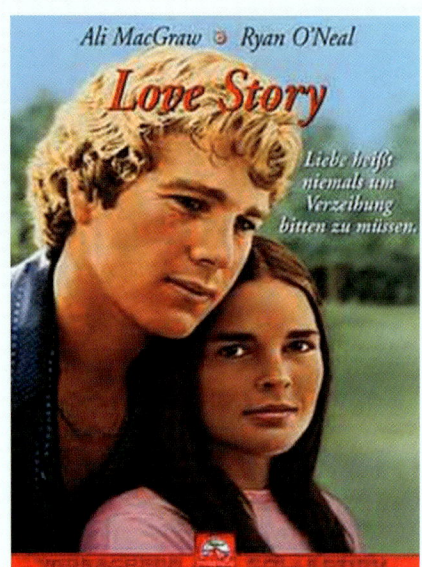

Die „Liebesgeschichte" rührte ein Millionenpublikum zu Tränen

Kino der 70er Jahre

Die Kinohits der 70er Jahre kamen vor allem aus den USA.

Die moderne Romeo-und-Julia-Geschichte **„Love Story"** des reichen, jungen Anwalts Oliver und der mittellosen Studentin Jenny, gespielt von Ryan O'Neal und Ali MacGraw, rührte ein Millionenpublikum zu Tränen. Unvergessen bleibt die **„Schicksalsmelodie"** von Francis Lai, die uns durch den Film und Jenny in den Tod begleitete.

Lustiger ging es da schon bei den Komödien **„Is was, Doc?"** (USA 1972) mit Barbara Streisand und ebenfalls Ryan O'Neal oder **„Der Clou"** (USA 1973) mit Robert Redford und Paul Newman zu. Welch ein Kinospaß war die Gaunerkomödie, die im Chicago des Jahres 1936 spielt, in der der Kleingangster Johnny Hooker den Gangsterboss Doyle Lonnegan gewieft über's Ohr haut. Der Film erhielt sieben Oscars, unter anderem für das Klaviersolo von Marvin Hamlish, das uns heute noch in den Ohren klingt.

Kultstatus hat bis heute **„Einer flog über das Kuckucksnest"** (1975) mit Jack Nicholson als produktivem und engagiertem „Insassen" einer Irrenanstalt.

Für Spannung sorgten Filme wie **„Der Exorzist"** (USA 1973) mit Max von Sydow und Linda Blair in den Hauptrollen oder **„Der weiße Hai"** (USA 1974), der erste große Erfolg des Regisseurs Steven Spielberg. Roy Scheider und Richard Dreyfuss machten Jagd auf den Killerhai, der das Küstenstädtchen Amity in Angst und Schrecken versetzte.

„Die Lümmel von der ersten Bank" nannte sich die Serie von Paukerfilmen, die das Zwerchfell der jungen Schülergeneration der späten 60er und 70er Jahre trainierten. Theo Lingen, Georg Thomalla, Hansi Kraus, Ilja Richter oder Peter Alexander und Uschi Glas gehörten fast immer zur Besetzung. Nachhaltigen Eindruck hinterließen diese Filme allerdings nicht. Kultstatus erlangten die Filme **„Zur Sache Schätzchen"** und **„Nicht fummeln, Liebling"** mit Werner Enke und Uschi Glas.

Aber die wichtigsten deutschen Filme der 70er Jahre wurden ohne Frage von Werner Rainer Fassbinder gedreht. Mit Filmen wie **„Angst essen Seele auf"** (1974) mit Brigitte Mira als Putzfrau und El Hedi Ben Salem als ihrem marokkanischen jungen Geliebten, **„Die Ehe der Maria Braun"** (1975) mit Hanna Schygulla und Klaus Löwitsch, der die Gefühlskälte und Skrupellosigkeit im Nachkriegsdeutschland thematisiert, spielte er sich in die erste Reihe der jungen deutschen Regisseure des „Neuen Deutschen Films".

Unabhängig in die Ferien

Endlich waren wir alt genug, alleine, das heißt ohne die elterliche Kontrolle und auch ohne Jugendgruppe in den Urlaub zu fahren. Da unser Budget knapp bemessen war, machten viele von uns Camping-Urlaub, wobei wir nur mit dem Nötigsten ausgerüstet waren.

In der Hitze Griechenlands konnte sich so ein Bulli ganz schön aufheizen

Und er rollt immer noch, jetzt in Knallfarben mit Jeansbezügen

Und wer etwas von der Welt sehen wollte, fuhr mit dem Bulli Richtung Süden oder nutzte das günstige Interrail-Ticket der Bahn, mit dem man in den Ferien durch ganz Europa fahren konnte. Wer besonders sparsam war, fuhr nachts und versuchte im Zug wenigstens ein Nickerchen zu machen. Klappte das nicht, blieben einem ja immer noch die Parks oder der Strand zum Schlafen. Ansonsten blieb man in Jugendherbergen oder einfachsten Hotels. Aber Ansprüche hatten wir damals ja noch nicht.

Fortbewegung auf vier Rädern II

Endlich waren wir alt genug, den Führerschein zu machen. Das war zu unserer Zeit noch längst nicht so aufwändig wie heute und wer einigermaßen geschickt war, konnte nach zehn bis zwölf Stunden die Fahrprüfung bestehen. Neu war, dass man eine Autobahnfahrt und eine Nachtfahrt absolviert haben musste. Viele von uns waren aber auf das Familienauto angewiesen, um fahren zu können, was häufig erst Diskussionen um die Dringlichkeit zur Folge hatte. Denn früher waren wir ja auch gelaufen.

Wer mehr Glück oder Geld hatte, fuhr DAF, R4, Ente oder – ja, er fuhr immer noch – Käfer. Der Hit waren die gelben oder orangefarbenen Jeans-Käfer, deren Sitze mit Jeansstoff bezogen waren.

Reformierte Oberstufe und Abitur

In Nordrhein-Westfalen gehörten wir zu den ersten Jahrgängen, die durch freie Fächerwahl ein individuell gestricktes Abitur machen konnten. Durch die reformierte Oberstufe wurde ein Kurssystem eingeführt, in dem man seine Fächer nach Neigungen wählen konnte. Dabei gab es zwar einige Einschränkungen, aber so einfach wie wir ist wohl kaum jemand zur Hochschulreife geführt worden. Sport oder Kunst als Leistungsfächer, Fremdsprachen oder Mathe nur

Nach den Abiturklausuren möchte keiner mehr wirklich arbeiten

Abiturrede mit langen Haaren und Anzug, wobei der Anzug freiwillig war. Jeans und T-Shirt waren auch en vogue

mündlich, was wollten wir mehr. Allerdings wurde es auch immer wichtiger, ein gutes Abitur zu machen, denn immer mehr Studiengänge wurden dem Numerus Clausus unterstellt.

Aber nur diejenigen von uns, die noch Ostern 1965 eingeschult worden waren, konnten schon 1977 das Abitur machen.

Nachdem wir ordentlich Punkte gesammelt hatten, 300 von 900 Möglichen waren mindestens notwendig, um zu bestehen, wussten wir, dass nun das echte – oder vielleicht doch das ernste? – Leben beginnen würde. Damit das auch jedem klar wurde, gab es zur Abiturfeier nicht nur eine Rede. Der Direktor, der Stufenleiter, der Elternvertreter (wofür brauchten wir den nochmal?) und last but not least natürlich auch unser Stufensprecher erzählten uns, wie toll wir waren und was noch alles so auf uns zukommen würde. Aber dann gab es schließlich doch noch Sekt und alles war – zunächst einmal – vergessen.

Der deutsche Herbst

Die 70er Jahre waren innenpolitisch vor allem durch den Terrorismus geprägt (Radikalen-Erlass und Berufsverbot). Nachdem viele Mitglieder der RAF und anderer Terrororganisationen Anfang der 70er inhaftiert worden waren, versetzten die Nachfolger von Baader, Meinhof und Co. die Bundesrepublik durch viele Anschläge in einen Ausnahmezustand. Der deutsche Herbst gipfelte im Oktober 1977 mit der Entführung der Lufthansa-Maschine Landshut, die zunächst in Aden, dann in der somalischen Hauptstadt Mogadischu landete. Mit der Entführung sollten elf Mitglieder der RAF und zwei türkische Terroristen freigepresst werden, was aber durch den Sturm der Maschine durch die GSG 9 misslang. Nach der Befreiung der Passagiere brachten sich die drei Terroristen Andreas Baader, Jan-Carl Raspe und Gudrun Ensslin um, einen Tag später fand man die Leiche des im September entführten Arbeitgeberpräsidenten Hanns-Martin Schleyer.

Endlich bei der Bundeswehr! Das Glück springt dem jungen Rekruten förmlich aus dem Gesicht

Bundeswehr oder Ersatzdienst

Für die Jungen stellte sich 1977 die Frage, ob sie zum Bund gehen wollten, um die Verteidigung ihres Vaterlandes zu proben, oder ob sie aus Gewissensgründen den Dienst an der Waffe verweigern würden. Und dies war wohl das einzige Mal, dass die Mädchen froh waren, dass die Gleichberechtigung in Deutschland sich doch noch nicht in allen Bereichen durchgesetzt hatte. So blieb uns auch die unangenehme Musterung erspart, von der unsere männlichen Altersgenossen ja wahre Horrorgeschichten zu erzählen wussten.

Am 27. Mai 1977 beschloss der Bundestag die Abschaffung der Gewissensprüfung. Man musste seine Einwände gegen die Einberufung jetzt nicht mehr vor einem Ausschuss des Wehrersatzamtes vorbringen, sondern es reichte eine schriftliche Erklärung, den Dienst an der Waffe aus Gewissensgründen nicht antreten zu wollen. Gleichzeitig wurde der Ersatzdienst auf 18 Monate verlängert.

Allerdings trat das Gesetz erst zum 1. August 1977 in Kraft. Das bedeutete für alle, die schon zum 1. Juli eingezogen wurden, dass sie noch nach altem Recht vor den Ausschuss mussten, aber noch den Vorteil des nur 16-monatigen Ersatzdienstes hatten.

Ein Blick zurück

Mit Riesenschritten bewegen wir uns nun auf die Fünfzig zu. Viele von uns haben nicht nur einen Beruf gelernt, in dem sie mehr oder weniger glücklich ihrer Arbeit nachgehen, sondern auch eine Familie gegründet, ein Haus gebaut und einen Baum gepflanzt.

Und immer häufiger blicken wir zurück – nicht nur auf Klassentreffen, wenn die alten Geschichten wieder erzählt werden. Wir erinnern uns an unsere Schulzeit, die erste Zigarette, den ersten Alkoholkonsum, die erste Freundin, den ersten Freund.

Das ist wichtig, um Vergleiche zu haben, wenn es um die Erziehung unserer Kinder geht. Denn die sind jetzt in dem Alter, ihre Grenzen auszutesten, mit dem Roller (Mofas sind out) zu Partys fahren oder ihre erste heimliche Zigarette rauchen. Und wie erstaunt sind wir, wenn laut durch die Wände der Kinderzimmer Musik von ABBA oder anderen Musikgrößen unserer Zeit erschallt. Dann fühlen wir uns gar nicht alt und gar nicht mehr so weit weg von unserer eigenen Kindheit und Jugend. Und stellen erleichtert fest: So viel hat sich gar nicht geändert.

Verschenken Sie Kindheits- und Jugenderinnerungen ...

Das ganz persönliche Geschenkbuch „WIR vom Jahrgang" ist erhältlich für alle Jahrgänge von

1922 bis 1989

Die Reihe wird fortgesetzt.

Die Jahrgangsbände gibt es auch als Ausgabe „Aufgewachsen in der DDR".

Geschrieben von Autoren, die selbst im jeweiligen Jahr geboren wurden und ihre Kindheit und Jugend in der DDR verbracht haben. Erhältlich für alle Jahrgänge von

1935 bis 1979

Die Reihe wird fortgesetzt.

Die Stadt, in der wir aufgewachsen sind,
ist so ganz anders als alle Städte dieser Welt ...

Die neue Buchreihe **„Aufgewachsen in ..."**
– ein Geschenk für alle, die sich gerne an die Kindheit und Jugend in ihrer Stadt erinnern.

Für Berlin, Bremen, Chemnitz, Dresden, ...
... und viele andere Städte in Deutschland!
Für verschiedene Dekaden 40er & 50er, 60er & 70er ... erhältlich.

Unsere Bücher erhalten Sie im Buchhandel vor Ort oder direkt bei uns:
Wartberg Verlag GmbH & Co. KG
Im Wiesental 1, 34281 Gudensberg-Gleichen,
Tel.: 05603/93 05-0, Fax: 05603/93 05-28
E-Mail: info@wartberg-verlag.de
Online-Shop: www.wartberg-verlag.de

www.kindheitundjugend.c